# Form und Inhalt der Parteischriften

nach der Civilprozeßordnung

für das deutsche Reich.

## Formulare

nebst instructionellen Bemerkungen

und einem Anhang

die Thätigkeit des Gerichtsschreibers betreffend

von

**F. Hacke,**

Rechtsanwalt und Notar zu Aurich.

Zweite Auflage.

**Berlin.**

Verlag von J. Guttentag (D. Collin).

1880.

# Vorwort.

Die nachstehenden Formulare nebst Bemerkungen sind in Folge eines Aufsatzes in der juristischen Wochenschrift von 1877 (Nr. 20) entstanden, in welchem Herr Professor Dr. Lothar Seuffert in Gießen auf die Zweckmäßigkeit einer einheitlichen Gestalt der Prozeßschriften im deutschen Reich mit Recht aufmerksam macht. Als ich, durch diesen Aufsatz angeregt, die Form für die demnächstigen Prozeßschriften auszuarbeiten versuchte, sah ich bald ein, daß sich in vielen Fällen die Form von dem Prozeßstoff schwer trennen ließ. Ich ging daher über das mir gesteckte Ziel hinaus, verband mit der Form denjenigen Inhalt, den die Civilprozeßordnung für die einzelnen Schriftsätze vorschreibt, und illustrirte die Formulare durch Bemerkungen, die zum Theil lediglich auf die angewandten Bestimmungen der Prozeßordnung zurückverweisen, zum Theil instruktionelle Fingerzeige wegen Einreichung des Schriftsatzes, wegen der mündlichen Verhandlung, der Zustellung, der Fristen, des Anwaltszwanges und dergleichen mehr enthalten. Den eigentlichen Schriftsätzen fügte ich Formulare für die Prozeßvollmacht und die Auftragschreiben an die Gerichtsvollzieher bei.

Die Schriftsatzformulare beziehen sich fast durchweg auf den Prozeß vor dem Landgericht. In einigen Fällen ist, entweder aus Zweckmäßigkeitsgründen, oder wegen der Zuständigkeit andrer Gerichte als des Landgerichts, eine Ausnahme gemacht worden. Vgl. die Formulare 2, 3, 13, 14, 34, 35, 36, 37, 46, 47, 48, 50, 51, 52, 53, 54. — In den „Bemerkungen“ ist übrigens regelmäßig gesagt, ob und inwiefern sich der Schriftsatz, wenn er bei einem andern Gericht, als dem Landgericht, eingereicht werden soll, von dem Landgerichtsformular unterscheidet. —

Was den Inhalt der Schriftsätze angeht, so habe ich die betreffenden Bestimmungen der Civilprozeßordnung in der Regel wörtlich aufgenommen. Einige Male bin ich davon abgewichen, indem ich concrete Behauptungen aufstellte. Vgl. die Formulare 13, 14, 15, 16, 17, 18, 19, 27, 28, 31, 46.

Die sachlichen Bemerkungen sind zum Theil den Motiven zum Entwurf III der Civilprozeßordnung, zum Theil den vortrefflichen Anmerkungen in der „Civilprozeßordnung, erläutert von Struckmann und Koch“ entnommen.

Zur Verständlichkeit der Formulare versuchte ich, in dem Anhang die Thätigkeit des Gerichtsschreibers in kurzen Zügen zu beschreiben.

Die Leser dieses Schriftchens, insbesondere meine Herren Collegen, bitte ich, dasselbe mit Nachsicht aufnehmen und behandeln zu wollen. Dasselbe will darauf, mustergültige Vorschriften aufgestellt zu haben, nicht im Entferntesten Anspruch machen. Solche müssen sich durch die Praxis heranbilden und können auf einsamer Studirstube nicht entstehen. Es wird mir ein genügender Lohn meiner Arbeit sein, wenn ich durch dieselbe die Veranlassung zur Feststellung von mustergültigen Formularen auf dem Anwaltstage oder durch die periodische Presse gegeben, und wenn ich durch die Bemerkungen zu den Formularen und den Anhang das Studium der neuen Prozeßordnung erleichtert haben sollte.

Aurich, im Januar 1878.

Der Verfasser.

## Vorrede zur zweiten Auflage.

Die zweite Auflage enthält, von einigen kleinen Berichtigungen abgesehen, einen unveränderten Abdruck der ersten Auflage.

Aurich, im October 1879.

Der Verfasser.

# Erläuterung der Citate.

Die Paragraphen ohne nähere Bezeichnung sind Paragraphen der Civilprozeßordnung.

| | | |
|---|---|---|
| X. | bedeutet | Anwalt des Klägers. |
| Y. | „ | Anwalt des Beklagten. |
| C.P.O. | „ | Civilprozeßordnung |
| G.V.G. | „ | Gerichtsverfassungsgesetz. |
| Mot. | „ | Begründung des Entwurfs III. |
| E. | „ | Einführungsgesetz. |
| K.O. | „ | Konkursordnung. |
| Str. | „ | Civilprozeßordnung, erläutert von Struckmann und Koch. |

# Form und Inhalt der Parteischriften

nach der Civilprozeßordnung

für das deutsche Reich.

## Formular 1.
### Klage im Anwaltsprozeß.

Urschrift [1]).

An

Königliches Landgericht

A . . .

Erste Civilkammer [2]).

Klageschrift [3])

in Sachen

der Handelsfirma A . . . zu B . . .,

Klägerin [4]),

wider

den Gutsbesitzer C . . . zu D . . .,

Beklagten [4]),

wegen Forderung [5]).

. . . . Anlagen [6]).

(Bestimmte Angabe des Gegenstandes und des Grundes des zu erhebenden Anspruchs sowie Bezeichnung der Beweismittel). [7])

Der Beklagte wird vor das Landgericht A . . . zu dem von dem Herrn Vorsitzenden zu bestimmenden Termin [8]) behuf mündlicher Verhandlung des Rechtsstreits geladen [9]) und aufgefordert, zu seiner Vertretung einen bei dem Prozeßgericht zugelassenen Anwalt zu bestellen. [10]).

Ich werde beantragen:

(Antrag.) [11])

(Ort und Datum der Unterschrift) [12])

X [13]), legitimirt durch abschriftlich anliegende Prozeßvollmacht [14]).

---

Allgem. Bemerkung. I. Ueber den Doppelcharakter der Schriftsätze — den vorbereitenden, den bestimmenden — vgl. Str. § 119 Anm. 2. § 121 Anm. 1, § 230 Anm. 2. u. 8.

Die den Inhalt der vorbereitenden Schriftsätze präcisirenden Bestimmungen der C.P.O., die sich generell im § 121 und, soweit nöthig, speziell noch bei den einzelnen Schriftsätzen angegeben finden, sind lediglich instructionell und nicht obligatorisch, wie durch das Wort „soll" (vgl. § 121 „die Schriftsätze sollen enthalten") ausgedrückt worden ist. Obligatorisch sind dagegen alle diejenigen Inhaltsvorschriften, welche die C.P.O. durch das befehlende Wort „muß" verlangt, bezüglich der Klageschrift also die in den Nummern 1, 2 u. 3 des § 230 enthaltenen („derselbe muß enthalten"). Durch die Aufnahme dieser Bestandtheile empfängt die Klageschrift ihren bestimmenden Charakter.

Die Folgen der Außerachtlassung obiger Vorschriften sind verschieden. Die Nichtbeachtung der obligatorischen Inhaltsvorschriften hat sachliche Nachtheile zur Folge. Es tritt z. B. durch die Zustellung einer dem § 230 Nr. 1, 2 und 3 nicht entsprechenden Klage keine Rechtshängigkeit (§ 235), also auch keine Unterbrechung der Verjährung ein (§ 239); es kann nicht contumaziirt werden (§ 296 Abs. 2) u. s. w. Das Fehlen derjenigen Bestandtheile eines Schriftsatzes, die lediglich zur Vorbereitung der mündlichen Verhandlung dienen sollen, führt dagegen sachliche Nachtheile nicht herbei, wohl aber, unter Umständen, die Pflicht zum Kostenersatz. § 90.

II. Wünscht der Kläger die Abkürzung der Einlassungsfrist (§ 234), so ist der Vorsitzende des Gerichts in der Klageschrift darum zu ersuchen. § 204.

III. Die Erhebung der Klage erfolgt durch Zustellung der Klageschrift §§ 230, 235. Ueber die Zustellung vergl. §§ 152 ff. und das Formular 5.

IV. Wer nicht im Stande ist, Prozeßkosten zu zahlen, hat sich von der Ortsobrigkeit ein Armuthszeugniß in Gemäßheit des § 109 Abs. 2 ausstellen zu lassen und, unter Einreichung dieses, beim Prozeßgericht um Bewilligung des Armenrechts zu bitten. § 109 Abs. 1. Für das Gesuch sind Formvorschriften nicht gegeben. Da es auch zu Protokoll des Gerichtsschreibers angebracht werden kann, so unterliegt es dem Anwaltszwange nicht. Vgl. § 74 Abs. 2.

V. Soll der Prozeß vor der Handelskammer eingeleitet werden, so ist die Klageschrift an das betreffende Landgericht „Kammer für Handelssachen" zu richten. § 100. G.V.G. — Form und Inhalt der Klageschrift unterscheiden sich von der bei der Civilkammer des Landgerichts einzureichenden lediglich dadurch, daß der Kläger zu beantragen hat, daß die Verhandlung des Rechtsstreits vor der Kammer für Handelssachen erfolge. § 102 G.V.G.

Auch bei den Handelskammern besteht Anwaltszwang, da sie keine selbstständigen Gerichte, sondern Kammern des Landgerichts bilden.

VI. Will der Kläger einen Richter ablehnen, so hat er seinen Antrag schriftlich bei dem Gericht zu stellen, oder dem Gerichtsschreiber zu Protokoll zu geben (§ 44).

[1]) Die Urschrift wird bei dem Gerichtsschreiber des Prozeßgerichts zum Zweck der Terminsbestimmung eingereicht und zugleich mit ihr die für's Gericht bestimmte Abschrift §§ 233, 193, 124. [2]) §§ 121, 230 C.P.O. § 59 G.V.G. [3]) Die bei vielen Anwälten übliche Bezeichnung „Klageantrag" (statt „Klageschrift") ist nach der C.P.O. nicht correct, weil sie nur den in die Klageschrift aufzunehmenden Antrag (das petitum) bedeutet. „Klageschrift" entspricht der Terminologie der C.P.O. § 230 Abs. 3. [4]) §§ 121, 230. „Kläger" und „Beklagter" (nicht „Verklagter") sind termini technici der C.P.O. §§ 230 ff. § 244. [5]) § 121 Nr. 1. Bei einem, nicht in einer bestimmten Geldsumme bestehenden Streitgegenstande ist der Bezeichnung desselben („wegen Forderung", „wegen dinglicher Rechte" und dgl. m.) hinzuzufügen: „Werth des Streitgegenstandes über 300 M." § 230, Abs. 3 C.P.O. § 23 Nr. 1, § 70 G.V.G. [6]) § 121 Nr. 1 Vgl. § 122. [7]) §§ 230, 121. Sollte sich der Gegner im Besitz von Beweisurkunden befinden, so ist es zweckmäßig, in die Klageschrift den vorbereitenden Antrag wegen Vorlegung dieser

Urkunden aufzunehmen. § 255, §§ 386 ff. Der Antrag wird den Vorschriften des § 389 zu entsprechen haben. Vgl. Formular 27. [8]) § 193 Abs. 2. [9]) § 230 Nr. 3. [10]) § 192. [11]) § 121 Nr. 2, § 230 Nr. 2. Wegen der Prozeßkosten bedarf es keines Antrags. § 279 Abs. 2. [12]) In der C.P.O. ist die Aufnahme des Orts und Datums der Unterschrift zwar nirgends vorgeschrieben; die Aufnahme Beider ist indessen aus geschäftlichen Gründen zweckmäßig. [13]) X=Name des bei dem Prozeßgericht zugelassenen Anwalts. § 121 Nr. 6 [14]) §§ 76, 122.

## Formular 2.

### Klage im Amtsgerichtsprozeß.

Urschrift [1]).

An
Königliches Amtsgericht
A. . . .

Klageschrift
in Sachen
des Landwirths A. . . . zu B. . . ., Klägers,
wider
den Landwirth C . . . zu D . . ., Beklagten,
wegen Forderung [2]).

. . . . Anlagen.

(Bestimmte Angabe des Gegenstandes und des Grundes des zu erhebenden Anspruchs sowie Bezeichnung der Beweismittel).

Den Beklagten lade ich vor das Amtsgericht A . . . zu dem von dem Herrn Amtsrichter zu bestimmenden Termin behuf mündlicher Verhandlung des Rechtsstreits.

Ich werde beantragen:
(Antrag.)

Für die Zustellung der Klageschrift werde ich selbst Sorge tragen [3]).

(Ort und Datum der Unterschrift.)
A. [1])

---

Allgem. Bemerkung. Vorbereitende Schriftsätze sind im Amtsgerichtsprozeß nicht nothwendig. §§ 120 Abs. 2, 457, 461. Mot. z. § 116 d. E. (120 C.P.O.)

[1]) Für das Formular einer Klageschrift im Amtsgerichtsprozeß ist § 456 maßgebend. Es kommen also alle Formen des Formular 1 in Betracht, insoweit solche nicht durch das Verfahren bei dem Landgericht (Anwaltszwang) besonders bedingt sind. [2]) „Wegen Forderung" oder (bei einem nicht in einer bestimmten Geldsumme bestehenden Streitgegenstande): „wegen Eigenthums (od. dgl.), Werth des Streitgegenstandes unter 300 M." [3]) Wird dieser

Wunsch nicht ausgesprochen, so erfolgt die Zustellung der Klageschrift unter Vermittelung des Gerichtsschreibers. §§ 152 Abs. 2, 154, 458. In diesem Fall ist neben der Urschrift und der für's Gericht bestimmten Abschrift auch die zur Zustellung an den Beklagten dienende Abschrift einzureichen, und zwar eine beglaubigte Abschrift, wenn ein Anwalt die Klageschrift unterschrieben hat, § 156 Abs. 2. [4]) Unterschrift der Partei selbst oder eines Bevollmächtigten § 75. Der Bevollmächtigte hat Abschrift der Vollmacht beizulegen. §§ 75, 76, 122.

---

## Formular 3.

### Antrag auf Versuch der Sühne vor dem Amtsgericht.

| | |
|---|---|
| Urschrift. [1]) | |
| An | |
| Königliches Amtsgericht | |
| A. . . . | (Angabe des Gegenstandes des Anspruchs.) [3]) |
| Antrag auf Vornahme eines Sühneversuchs in Sachen | Der Gegner wird zu dem von dem Herrn Amtsrichter zu bestimmenden Termin zum Zweck eines Sühneversuchs geladen. [4]) [5]) |
| des Arbeiters A. . . . zu B. . . ., wider den Landwirth C. . . . zu D. . . ., wegen Alimentation. [2]) | (Ort und Datum der Unterschrift). A . . . [6]). |

[1]) §§ 121, 193, 471. [2]) Der Angabe des Werthes eines, nicht in einer bestimmten Geldsumme bestehenden, Streitgegenstandes (§ 230 Abs. 3) bedarf es nicht, weil der Sühneversuch in allen, zur Zuständigkeit des Landgerichts wie des Amtsgerichts gehörenden, Sachen beantragt werden kann. Str. § 471 Anmerk. 2. [3]) Eine kurze Angabe des Streitpunkts genügt. Einer Begründung des Anspruchs (Vortrags der den Rechtsanspruch fundirenden Thatsachen) bedarf es erst dann, wenn, nach Scheitern des Sühneversuchs, gleich im Termine selbst zur Klageerhebung geschritten werden sollte. § 471 Abs. 2, Str. § 471 Anm. 5. [4]) § 471 Abs. 1. [5]) Will der Antragsteller für die Zustellung des Schriftsatzes selbst sorgen, so ist das im Antrag auszusprechen. Vgl. Anm. 3 zum Form. 2. [6]) Unterschrift des Antragstellers selbst oder dessen Bevollmächtigten, der Vollmachtsabschrift beizufügen hat. §§ 75, 76, 122.

---

# Formular 4.

## Prozeßvollmacht.

Prozeßvollmacht.[1])

In Sachen (volles rubrum) bevollmächtige ich den ... zu ... mit Führung des Rechtsstreits.

Mein Bevollmächtigter soll zur Beseitigung des Rechtsstreits durch Vergleich, Verzichtleistung auf den Streitgegenstand, Anerkennung des vom Gegner geltend gemachten Anspruchs nicht befugt sein.[2])[3])

(Ort und Datum der Unterschrift.)

A.[4])

---

[1]) Die C.P.O. hat wegen der Form der Prozeßvollmacht Nichts vorgeschrieben. §§ 76 ff. Die einfache Bevollmächtigung mit der Führung des Rechtsstreits muß genügen. -- Das Formular gilt sowohl in Amtsgerichts- als auch in Anwaltsprozessen. [2]) Dieser Zusatz enthält alle diejenigen Beschränkungen, die der Mandant dem Prozeßgegner gegenüber mit Rechtswirkung machen kann. Vgl. den § 79, der diese Beschränkung in allen Vollmachten zuläßt, auch in den auf die Anwälte ausgestellten. [3]) Soll der Bevollmächtigte auch zur Empfangnahme von Geldern oder anderen Sachen (außer den Kosten) befugt sein, so bedarf es der Aufnahme dieser Spezialbevollmächtigung in's Formular. § 77. [4]) Gerichtliche oder notarielle Beglaubigung der Vollmacht ist nur auf Verlangen des Gegners vorzunehmen. § 76 Abs. 2.

---

# Formular 5.

## Auftrag wegen Zustellung der Klageschrift im Anwaltsprozeß.

An

den Herrn Gerichtsvollzieher G.[1])

zu

A. . . .

In Sachen (kurze Angabe des rubrum), sende ich Ihnen hierneben die Klageschrift in Urschrift nebst Terminsnote[2]), sowie beglaubigte Abschrift[3]) derselben mit dem Auftrage, letztere dem Beklagten zuzustellen und mir demnächst die mit der Zustellungsurkunde versehene[4]) Urschrift unter Einziehung Ihrer Kosten zurückzuliefern.

(Ort und Datum der Unterschrift.)

X.[5])

1) §§ 152, 153. — Auch ein mündlicher Zustellungsauftrag genügt. § 153. 2) Die Terminsnote wird vom Vorsitzenden in der Regel (wenn der nöthige Raum gelassen ist) auf die Urschrift selbst gesetzt werden. Vgl. Str. § 193 Anm. 1. 3) Der Anwalt hat von der ihm von dem Gerichtsschreiber ausgehändigten Urschrift nebst Terminsnote eine Abschrift anfertigen zu lassen und solche zu beglaubigen. § 156 Abs. 2. 4) §§ 156 Abs. 1, 173. 5) § 152 Abs. 2.

Allgem. Bemerkung. I. Es kann unter Umständen zweckmäßig sein, daß der Anwalt sich den Empfang des Zustellungsauftrags vom Gerichtsvollzieher bescheinigen lasse. Vgl. z. B. § 213. Der Gerichtsvollzieher ist zur Ausstellung einer solchen Bescheinigung verpflichtet. § 155 Abs. 2.

II. Wegen der Zustellung einer Klageschrift in Amtsgerichtssachen gilt das Formular ebenfalls. — Ob die Partei selbst oder unter Vermittelung des Gerichtsschreibers die Zustellung besorgen lassen will, hängt von ihr ab. § 154.

Sollte der Gerichtsvollzieher mit der Zustellung von der Partei selbst oder von einem andern Bevollmächtigten als einem Anwalt beauftragt werden, so ist die Beglaubigung des zuzustellenden Schriftsatzes durch den Gerichtsvollzieher vorzunehmen; es genügt also die Uebergabe der Urschrift und einer einfachen Abschrift an den Gerichtsvollzieher.

---

# Formular 6.

## Klagebeantwortung im Anwaltsprozeß.

Urschrift. 1)

An
Königliches Landgericht
A. . . .
Erste Civilkammer.
Klagebeantwortung
in Sachen
der Handelsfirma A. . . zu B. . .,
Klägerin,
wider
den Gutsbesitzer C. . . . zu D. . . .,
Beklagten,
wegen Forderung.
. . . Anlagen.

(Angabe der zur Begründung des Antrags dienenden thatsächlichen Verhältnisse, Erklärung über die thatsächlichen Behauptungen in der Klageschrift, sowie Bezeichnung der Beweismittel.) 2)

Ich werde beantragen:
(Antrag).
Y. 3),
legitimirt durch abschriftlich anliegende Prozeßvollmacht.

---

Allgem. Bemerkung. Für die Klagebeantwortung (§ 244) sind andere Formen als die für die vorbereitenden Schriftsätze im Allgemeinen geltenden (§ 121) nicht vorgeschrieben. Die Weglassung irgend eines der unter Nr. 1 bis 6 des § 121 bezeichneten Erfordernisse hat daher sachliche Nachtheile nicht zur Folge. Vgl. Allgem. Bem. 1 zum Form. 1.

Die C.P.O. schreibt im Anwaltsprozeß behuf Vorbereitung der mündlichen Verhandlung als Regel nur den Wechsel von zwei Schriftsätzen, der „Klageschrift" und der „Klagebeantwortung" vor. Mot. z. § 235 d. E. (244 C.P.O.) Für den Fall, daß durch sie die mündliche Verhandlung nicht genügend vorbereitet sein sollte, greifen ausnahmsweise die Bestimmungen des § 245 Abs. 1 Platz. Vgl. auch § 270.

1) Die Abschrift der Klagebeantwortung wird nach erfolgter Zustellung auf der Gerichtsschreiberei des Prozeßgerichts niedergelegt. § 124 Abs. 2. Dem Kläger ist eine beglaubigte Abschrift der Klagebeantwortung zuzustellen. §§ 244, 156. Die Zustellung kann durch den Gerichtsvollzieher erfolgen, indessen ist die einfachere Art der Zustellung von Anwalt zu Anwalt (§ 181) vorzuziehen. Es bedarf hier lediglich der Uebersendung der beglaubigten Abschrift an den gegnerischen Anwalt und der Empfangsbescheinigung des Letzteren auf der Urschrift mit den Worten „Gleichlautender Schriftsatz ist mir heute zugestellt" (Ort und Datum der Unterschrift und Unterschrift). 2) Möglichst spezielle Erklärung über die Klagthatsachen ist anzuempfehlen. Vgl. § 129 Abs. 2. 3) Y = Name eines bei dem Prozeßgericht zugelassenen Anwalts.

Allgem. Bemerkung. Für die Klagebeantwortung im Amtsgerichtsprozeß gelten die instruktionellen Vorschriften des § 121. Vgl. allgem. Bem. z. Form. 2. Sind beide Parteien durch Anwälte vertreten, so kann die Zustellung von Anwalt zu Anwalt erfolgen. Vgl. § 181 und Str. Anm. 1 dazu.

---

# Formular 7.

## Nebenintervention im Anwaltsprozeß.

Urschrift.

An
Königliches Landgericht
A. . .
Erste Civilkammer.

Nebenintervention
von Seiten
der Handelsfirma E. . . zu F. . .,
Intervenientin,
zur Sache
der Handelsfirma A. . . zu B. . .,
Klägerin,
wider
den Gutsbesitzer C. . . zu D. . . .,
Beklagten,
wegen Forderung.

. . . Anlagen.

(Bestimmte Angabe des Interesses, welches der Nebenintervenient hat, sowie der zur Glaubhaftmachung des Interesses dienenden Mittel.)[1])

Ich trete in diesem Prozeß dem Kläger (Beklagten) bei[1a]) und lade zu dem von dem Herrn Vorsitzenden zu bestimmenden Termin behuf mündlicher Verhandlung die Parteien, vertreten durch ihre Herren Anwälte.[2])

(Ort und Datum der Unterschrift.).

Z.,[3]) legitimirt durch abschriftlich anliegende Prozeßvollmacht.

Allgem. Bemerkung. Wegen der Einreichung des Antrags bei dem Gerichtsschreiber, der Terminsansetzung und der Zustellung gilt das zum Form. 1 Bemerkte. Im Uebrigen vgl. § 67.

Der vorgeschriebene Inhalt des Interventionsschriftsatzes (§ 67 Nr. 1, 2, 3) ist obligatorisch („muß enthalten").

Eine Nebenintervention kann in jeder Lage des Rechtsstreits erfolgen. § 63 Abs 2; sie wird also bei dem Gericht angebracht, vor welchem der Prozeß zur Zeit der Anbringung anhängig ist.

1) Die Aufnahme der Mittel zur Glaubhaftmachung des Interesses (§ 68) ist zu empfehlen. Vgl. § 266. Etwaige Zeugen sind zu benennen, Urkunden in Abschrift beizulegen. Befinden sich die Urkunden nicht in den Händen des Intervenienten, so sind Editionsanträge zu formuliren. Vgl. Anm. 7 z. Form. 1, §§ 386, 393, 397. 1a) Eines Antrags (Meyer, Anl. zur Prozeßpraxis S. 140) bedarf es nicht. 2) Die Zustellung an die die Parteien im Hauptprozesse vertretenden Anwälte genügt. § 162. Sollte der Beklagte einen Anwalt noch nicht bestellt haben, so ist in die Interventionsschrift die Aufforderung zur Anwaltsbestellung aufzunehmen. 3) Z. = Name eines bei dem Prozeßgericht zugelassenen Anwalts.

Allgem. Bemerkung. Das Formular für Nebeninterventionsschriftsätze bei andern Gerichten als Landgerichten ergiebt sich mut. mut. aus dem obigen.

Hauptinterventionen werden in Form einer Klage erhoben. § 61; für sie gilt also das Form. 1.

---

# Formular 8.

## Streitverkündung im Anwaltsprozeß.

Urschrift.

An
Königliches Landgericht
A. . . .
Erste Civilkammer.

Streitverkündung
des
Gutsbesitzers C. . . . zu D. . . .
an
den Bankdirektor E. . . zu F. . .,
zur Prozeßsache
der Handelsfirma A. . . zu B. . .,
Klägerin,
wider
den Gutsbesitzer C. . . zu D. . . .,
Beklagten,
wegen Forderung.
. . . Anlagen.

(Angabe der Lage des Rechtsstreits und des Grundes der Streitverkündung).

Ich verkünde hiermit dem Bankdirektor E. . . zu F. . . den Streit, lade denselben zu dem behuf Verhandlung der Streitverkündung von dem Herrn Vorsitzenden zu bestimmenden Termin und fordere ihn auf, zu seiner Vertretung einen bei dem Prozeßgericht zugelassenen Anwalt zu bestellen.

(Ort und Datum der Unterschrift).

Z., legitimirt durch abschriftlich anliegende Prozeßvollmacht.

Allgem. Bemerkung. Für die Form des Streitverkündungsschriftsatzes gelten die allgemeinen Vorschriften über vorbereitende Schriftsätze (§ 121) und der § 70. Abschrift des Schriftsatzes ist dem Prozeßgegner mitzutheilen (§ 70 Abs. 2), d. h. zuzustellen.

Der Vorsitzende wird in der Regel — wenn vorauszusehen ist, daß die Ladungsfrist (§ 194) gewahrt werden kann — den Termin zur Verhandlung der Streitverkündung auf den Terminstag, in dem die Hauptsache verhandelt werden soll, ansetzen. Andernfalls wird die Hauptverhandlung (wenn der Termin dazu früher ansteht) vertagt werden müssen. § 206.

Die Form einer für ein anderes Gericht, als das Landgericht, bestimmten Streitverkündungsschrift ergiebt sich mut. mut. aus dem Vorstehenden.

Wegen der Einreichung des Schriftsatzes bei dem Gerichtsschreiber, der Terminsbestimmung und der Zustellung vgl. das zum Formular 1 Bemerkte.

---

# Formular 9.

## Benennung des Auctors im Anwaltsprozeß.

Urschrift.

An
Königliches Landgericht
A. . . .
Erste Civilkammer.
Streitverkündung [1])
in Gemäßheit des § 73 der C.P.O.
von Seiten
des Gutsbesitzers C. . . zu D. . . .,
an
den Bankdirektor E. . . zu F. . . .
zur Prozeßsache
der Handelsfirma A. . . zu B. . .,
Klägerin,
wider
den Gutsbesitzer C. . . zu D. . . .,
Beklagten,
wegen Forderung.
. . . Anlagen.

(Angabe der Lage des Rechtsstreits und des Grundes für die Benennung des Auctors. [2])

Ich benenne hiermit den Bankdirektor E. . . zu F. . . als meinen Auctor, verkünde demselben den Streit und lade ihn zu dem von dem Herrn Vorsitzenden zu bestimmenden Termine behuf Abgabe seiner Erklärung.

Zugleich fordere ich ihn auf, zu seiner Vertretung einen bei dem Prozeßgericht zugelassenen Anwalt zu bestellen.

(Ort und Datum der Unterschrift).
Z., legitimirt durch abschriftlich anliegende Prozeßvollmacht.

---

1) Die laudatio auctoris wird in der C.P.O. als eine besondere Art der Streitverkündung behandelt. Str. § 73 Anm. 2. 2) Die Angabe des

Grundes der laudatio besteht in der Behauptung, daß der Beklagte im Namen des Auctors besitze, § 73 Abs. 1.

Allgem. Bemerkung. Im Uebrigen gelten die Bemerkungen zu Form. 8.

---

## Formular 10.

### Kostenfestsetzungsgesuch im Anwaltsprozeß.

Urschrift. [1])

An

Königliches Landgericht A....

Erste Civilkammer. [2])

Kostenfestsetzungsgesuch
in Sachen
der Handelsfirma A... zu B...,
Klägerin,
wider
den Gutsbesitzer C... zu D...,
Beklagten,
wegen Forderung.

... Anlagen.

Hierneben überreiche ich das mit dem Zeugniß der Rechtskraft versehene Urtheil vom (Datum [3]) sowie die Kostenberechnung der Klägerin, auch die für den Gegner bestimmte Abschrift [4]) derselben.

Ich beantrage:

Festsetzung der Kosten zum Betrage von ... M. gegen den Beklagten.

(Ort und Datum der Unterschrift).

X. [5])

---

[1]) Da die Entscheidung über das Kostenfestsetzungsgesuch ohne vorhergehende mündliche Verhandlung erfolgen kann, so braucht das Gesuch nur in einem einzigen, für's Gericht bestimmten, Exemplar eingereicht zu werden. Sollte das Gericht ex officio die mündliche Verhandlung verfügen, so ist der Bescheid dem Antragsteller von Amtswegen zuzustellen. (§ 294 Abs. 3). Letzterer hat die Bestimmung des Verhandlungstermins zu erwirken und den Gegner laden zu lassen (§§ 191, 193). Die mündliche Verhandlung ist nach den allgemeinen Bestimmungen (§§ 120, 123, 124) durch Schriftsätze vorzubereiten. [2]) Das Gesuch wird beim Gericht erster Instanz gestellt. § 98 Abs. 2. [3]) § 98 Abs. 1. § 646. Handelt es sich nicht um ein rechtskräftiges, sondern um ein für vorläufig vollstreckbar erklärtes Urtheil, dann ist statt der Ueberreichung auf dieses (bei den Gerichtsakten liegende) Bezug zu nehmen. Vgl. Meyer a. a. O. S. 66 Nr. 6. [4]) § 98 Abs. 2. Die zur Rechtfertigung der einzelnen Ansätze dienenden Mittel (Beläge) sind beizufügen. § 99 Abs. 2. Vgl. § 266. [5]) Das Gesuch braucht auch im Anwaltsprozeß vom Anwalt nicht gestellt zu werden. Die Unterschrift der Partei genügt. § 98 Abs. 2. Vgl. § 74 Abs. 2. Sollte die mündliche Verhandlung des Gesuchs beschlossen werden, so tritt für diese nach allgemeinen Grundsätzen (§ 74 Abs. 2) wiederum der Anwaltszwang ein.

Allgem. Bemerkung. Die Zustellung des ohne vorgängige mündliche Verhandlung erlassenen Kostenfestsetzungsbeschlusses erfolgt von Amtswegen. § 294, Abs. 3. Der Beschluß ist nach zwei Wochen von der Zustellung bezw. (im Fall der vorhergegangenen mündlichen Verhandlung) von der Verkündung desselben an gerechnet, rechtskräftig. § 99, Abs. 3, § 540, Abs. 2.

# Formular 11.

## Wiedereinsetzung in den vorigen Stand auf Grund des § 211 der C.P.O. im Anwaltsprozeß.

Urschrift.

An
Königliches Landgericht A. . .[1])
Erste Civilkammer.

Antrag
auf
Wiedereinsetzung in den vorigen Stand
und
Berufungsschrift[1])
in Sachen
der Handelsfirma A. . . . zu B. . . .,
Klägerin, Berufungsbeklagte,
wider
den Gutsbesitzer C. . . . zu D. . . .,
Beklagten, Berufungskläger,
wegen Forderung.

. . . Anlagen.

(1. Schilderung des betreffenden unabwendbaren Zufalls[2]), durch den die Einhaltung der Berufungsfrist vereitelt wurde.

2. Angabe der Mittel für die Glaubhaftmachung der Schilderung unter Nr. 1.[3])

Gegen das Urtheil des Amtsgerichts A. . . . vom (Datum) lege ich im Auftrag des Beklagten Berufung ein.[4])

Die Klägerin wird vor das Landgericht A. . . . zu dem von dem Herrn Vorsitzenden zu bestimmenden Termin behuf mündlicher Verhandlung der Berufung geladen und aufgefordert, zu ihrer Vertretung einen bei dem Landgericht zugelassenen Anwalt zu bestellen.

Ich werde beantragen:

daß dem Beklagten und Berufungskläger die Wiedereinsetzung in den vorigen Stand gegen die Versäumung der Berufungsfrist ertheilt und in der Sache selbst . . . .

(Berufungsantrag.[4])

(Ort und Datum der Unterschrift.)

X., legitimirt durch abschriftlich anliegende Prozeßvollmacht.

[1]) Das competente Gericht ist dasjenige, dem die Entscheidung über die nachgeholte Prozeßhandlung zusteht. § 215. [2]) Die Wiedereinsetzung ist (abgesehen von der durch § 213 zu begründenden — vgl. das folgende Formular —) nur in den beiden, im Abs. 1 und 2 des § 211 vorgesehenen Falles möglich. — Das Formular bezieht sich auf den Abs. 1. — Die Glaubhaftmachung, daß dem Antragsteller kein Verschulden zur Last gelegt werden könne, ist nicht genügend; es ist vielmehr die positive Behauptung, daß ein bestimmtes, unabwendbares Hinderniß die Versäumung herbeigeführt habe, aufzustellen (und glaubhaft zu machen). Mot. z. § 204 d. E. (§ 211 C.P.O.) Str. § 211 Anm. 2. [3]) § 214 Nr. 2. Vgl. § 266. [4]) Im Formular ist als Beispiel die Versäumung der Berufungsfrist gewählt. Da mit dem Antrage auf Wiedereinsetzung die Nachholung der versäumten Prozeßhandlung verbunden werden soll (§ 214 Nr. 3), so ist der wesentliche Inhalt eines Berufungsschriftsatzes mit aufzunehmen. §§ 479, 480. (Vgl. Form. 30, 31).

Allgem. Bemerkung. Die Wiedereinsetzung i. d. v. St. findet nur gegen die Versäumung von Nothfristen statt. § 211 Abs. 1. Ueber den Begriff der Nothfrist vgl. § 201 Abs. 3. 202, 228. — die C.P.O. kennt folgende Nothfristen: Einspruchsfrist (§ 304), Berufungsfrist (§ 477), Revisionsfrist (§ 514), Frist der sofortigen Beschwerde (§ 540 Abs. 2), Frist für die Nichtigkeits- und Restitutions-Klage (§ 549), für die Anfechtungsklage gegen das Ausschlußurtheil im Aufgebotsverfahren (§ 835) und für die Klage auf Aufhebung eines Schiedsspruchs (§ 870).

Die Frist für die Wiedereinsetzung auf Grund des § 211 beträgt zwei Wochen; sie ist keine Nothfrist, kann jedoch durch Vereinbarung der Parteien nicht verlängert werden. § 212 Abs. 2.

Die Frist wird durch Zustellung des Restitutionsschriftsatzes gewahrt (§ 214 Abs. 1), mit Ausnahme der Wiedereinsetzung gegen den Ablauf der Frist für die sofortige Beschwerde. Hier genügt die Einreichung des Schriftsatzes vor Ablauf der Frist (§ 214 Abs. 2), weil auch die Beschwerdefrist durch Einreichung des Beschwerdeschriftsatzes gewahrt wird. § 540.

Der im § 214 Nr. 1, 2 und 3 vorgeschriebene Inhalt des Restitutionsschriftsatzes ist obligatorisch.

Wegen der Einreichung des Antrags bei dem Gerichtsschreiber, der Terminsansetzung, der Zustellung gilt das zum Form. 1 Bemerkte.

Die Form des bei andern Gerichten als dem Landgericht einzureichenden Restitutionsschriftsatzes folgt mut. mut. aus obigem Formular.

# Formular 12.

## Wiedereinsetzung in den vorigen Stand auf Grund des § 213 C.P.O. im Anwaltsprozeß.

Urschrift.

An
Königliches Landgericht
A....
Erste Civilkammer.

Antrag
auf
Wiedereinsetzung in den vorigen Stand
in Sachen
der Handelsfirma A... zu B...,
Klägerin, Berufungsbeklagte,
wider
den Gutsbesitzer C... zu D....,
Beklagten, Berufungskläger,
wegen Forderung.

... Anlagen.

(1. Behauptung, daß das zuzustellende Schriftstück spätestens am dritten Tage vor Ablauf der betreffenden Nothfrist dem Gerichtsvollzieher bezw. dem Gerichtsschreiber zum Zweck der Zustellung übergeben, trotzdem aber die Nothfrist versäumt worden sei.

2. Angabe der Mittel für die Glaubhaftmachung der Behauptung unter Nr. 1.

3. Bezugnahme auf die bereits nachgeholte Prozeßhandlung.)

Die Klägerin wird vor das Landgericht A... zu dem von dem Herrn Vorsitzenden zu bestimmenden Termin behuf mündlicher Verhandlung dieses Antrags geladen.

Ich werde beantragen:

daß dem Beklagten die Wiedereinsetzung in den vorigen Stand gegen Versäumung der Berufungsfrist ertheilt werde.

(Ort und Datum der Unterschrift.)
Y., legitimirt durch abschriftlich anliegende Prozeßvollmacht.

---

Allgem. Bemerkung. Dieser Antrag unterscheidet sich von dem Restitutionsantrage auf Grund des § 211 (Form. 11) durch Folgendes:

I. Die Einlegung der Berufung (auch hier ist beispielsweise die Restitution gegen die Berufungsfrist gewählt) war schon durch Berufungsschriftsatz erfolgt. Der Nachholung der versäumten Prozeßhandlung bedarf es daher nicht. §§ 213, 214 Nr. 3.

II. Die Glaubhaftmachung eines unabwendbaren Zufalls ist unnöthig; vielmehr ist lediglich die rechtzeitig geschehene Uebergabe des betreffenden Schriftstücks zum Zweck der Zustellung glaubhaft zu machen. § 213 Abs. 1. Wegen der Mittel für die Glaubhaftmachung vgl. § 266, § 155 Abs. 2.

III. Die Restitutionsfrist beträgt einen Monat. § 213 Abs. 2.

IV. Die Wiedereinsetzung kann, wenn der Abs. 3 des § 214 zutrifft, auch ohne vorgängige Zustellung eines Schriftsatzes beantragt werden.

V. Der Aufforderung zur Anwaltsbestellung bedarf es nicht, weil sie schon in die voraufgegangene Berufungsschrift aufgenommen ist.

---

## Aufnahme eines durch Tod einer Prozeßpartei unterbrochenen Verfahrens im Amtsgerichtsprozeß.

# Formular 13.

## A. Aufnahme durch den Rechtsnachfolger.

Urschrift.

An
Königliches Amtsgericht
A. . . .

Aufnahme[1])
des Verfahrens
in Sachen
des Landwirths A. . . zu B. . . .,
Klägers,
wider
den Landwirth C. . . . zu D. . . .,
Beklagten,
jetzt:
wider
die Erben des Letztern, nämlich:
a. dessen Wittwe . . .
b. dessen minderjährige Kinder . .
vertreten durch den Vormund . .,
Beklagte,
wegen Forderung.
. . . Anlagen.

Das Prozeßverfahren wurde durch den am (Datum) erfolgten Tod[2]) des Beklagten unterbrochen.

Beklagter ist von seiner Wittwe . . und seinen minderjährigen Kindern . . testamentarisch beerbt worden.

Im Auftrag dieser nehme ich das Verfahren auf und lade[3]) den Kläger zu dem von dem Herrn Amtsrichter zu bestimmenden Termin behuf mündlicher Verhandlung auf den zu Protokoll vom (Datum) — oder im Schriftsatz vom (Datum) — gestellten (angekündigten) Antrag.[4])

(Ort und Datum der Unterschrift.)
Y., legitimirt durch abschriftlich anliegende Prozeßvollmacht.

---

Allgem. Bemerkung. Es ist ein Antrag an das Amtsgericht gewählt, weil im Anwaltsprozeß das Verfahren durch Tod einer Partei kraft Gesetzes niemals unterbrochen wird, hier vielmehr die gerichtliche Aussetzung des Verfahrens einzutreten hat. § 223. — Im Amtsgerichtsprozeß tritt eine Unterbrechung kraft Gesetzes nur dann ein, wenn die verstorbene Partei durch einen Bevollmächtigten nicht vertreten war. § 223. Im

Formular ist daher der Fall vorausgesetzt daß die verstorbene Partei den Prozeß selbst führte. War sie durch einen Bevollmächtigten vertreten, so kommt mut. mut. das Form. 16 zur Anwendung.

[1]) Der Ausdruck „Aufnahme" ist technisch (§ 217) und wohl zu unterscheiden von der Wiederaufnahme eines durch rechtskräftiges Urtheil geschlossenen Verfahrens. Vgl. § 541. [2]) § 217 Abs 1. [3]) Die Aufnahme erfolgt durch Zustellung des Schriftsatzes (227); sie kann auch mündlich bei dem Gerichtsschreiber erklärt werden, der dann für die Zustellung zu sorgen hat. [4]) Eines Antrags: die Rechtsnachfolger für legitimirt zur Aufnahme anzuerkennen, bedarf es nicht. Widerspricht der Gegner dem Eintritt des Rechtsnachfolgers, so wird dieser Streit durch Zwischenurtheil zu erledigen sein. § 275. Unter dem „Antrag" im Formular wird derjenige sachliche Antrag verstanden, der bereits im frühern Verfahren gestellt oder durch Schriftsatz vorbereitet wurde.

---

# Formular 14.

## B. Aufnahme durch den Gegner der verstorbenen Partei [1])

Urschrift.

An
Königliches Amtsgericht
A. . . .

Aufnahme
des Verfahrens
in Sachen
des Landwirths A. . . zu B. . . .,
Klägers,
wider
den Landwirth C. . . . zu D. . . .,
jetzt:
wider
die Erben des Letzteren, nämlich:
a. dessen Wittwe . . .,
b. dessen minderjährige Kinder . .,
vertreten durch den Vormund . .,
Beklagte,
wegen Forderung.
. . . Anlagen.

Das Prozeßverfahren wurde durch den am (Datum) erfolgten Tod des Beklagten unterbrochen.

Beklagter ist von seiner Wittwe . . und seinen minderjährigen Kindern . . . . testamentarisch beerbt worden.

Ich nehme das Verfahren gegen diese auf und lade [2]) dieselben zu dem von dem Herrn Amtsrichter zu bestimmenden Termin behuf mündlicher Verhandlung auf den zu Protokoll vom (Datum) — oder: im Schriftsatz vom (Datum) — gestellten (angekündigten) Antrag. [3])

Mit Rücksicht darauf, daß die jetzigen Beklagten in verschiedenen Gerichtsbezirken wohnen, ersuche ich den Herrn Amtsrichter:

eine zweiwöchige Frist als Ladungsfrist bestimmen zu wollen. [4])

(Ort und Datum der Unterschrift.)

A.

[1]) § 217, Abs. 2. [2]) Der Schriftsatz ist den Rechtsnachfolgern **selbst** zuzustellen. § 217 Abs. 3. § 227. [3]) Erscheinen die Rechtsnachfolger im Termin nicht, dann wird zur Sache nicht verhandelt, sondern nur die Aufnahme des Verfahrens Seitens der Rechtsnachfolger in contumaciam festgestellt. § 217 Abs. 4. Der in's Formular aufgenommene sachliche Antrag wird also im Termin nur dann gestellt werden können, wenn der Rechtsnachfolgerpunkt durch Zugeständniß im Termin erledigt sein wird. [4]) § 217 Abs. 3.

Allgem. Bemerkung. Als Formular ist ein Antrag im Amtsgerichtsprozeß aus dem zum Form. 13 angegebenen Grunde gewählt.

Hatte sich der Beklagte durch einen Bevollmächtigten vertreten lassen, so muß ein Aufnahmeantrag (nach ausgesetzt gewesenem Verfahren) neben dem Rechtsnachfolger auch dem frühern Bevollmächtigten zugestellt werden. § 223 Abs. 2.

## Formular 15.

### Aussetzungsgesuch im Anwaltsprozeß.

Urschrift.

An
Königliches Landgericht
A. . .
Erste Civilkammer.
Gesuch
um
Aussetzung des Verfahrens
in Sachen
der Handelsfirma A. . . zu B. . . ,
Klägerin,
wider
den Gutsbesitzer C. . . zu D. . . ,
Beklagten,
wegen Forderung.
. . . Anlagen.

Der Beklagte ist am (Datum) verstorben

Ich beantrage:

Aussetzung des Verfahrens.

(Ort und Datum der Unterschrift.)

Y.

---

Allgem. Bemerkung. Das Aussetzungsgesuch kann sowohl von dem bisherigen Bevollmächtigten der verstorbenen Partei, als auch vom Gegner gestellt werden. Ein Schriftsatz ist nicht erforderlich. Die Aussetzung kann in dem zur mündlichen Verhandlung anstehenden Termin beantragt werden, und auch zu Protokoll des Gerichtsschreibers, woraus hervorgeht, daß Anwaltszwang für das Gesuch nicht existirt. §§ 223, 225, 74 Abs. 2.

## Aufnahme eines in Folge Todes einer Prozeßpartei ausgesetzten Verfahrens im Anwaltsprozeß.

# Formular 16.

## A. Aufnahme durch den Rechtsnachfolger.

Urschrift.

An
Königliches Landgericht
A. . . .
Erste Civilkammer.

Aufnahme
des Verfahrens
in Sachen
der Handelsfirma A. . . zu B. . .,
Klägerin,
wider
den Gutsbesitzer C. . . zu D. . . .,
Beklagten,
jetzt:
wider
die Erben des Letztern, nämlich:
a. dessen Wittwe . . .,
b. dessen minderjährige Kinder . .,
vertreten durch den Vormund . .,
wegen Forderung.

. . . Anlagen.

Das Verfahren wurde in Folge Todes des Beklagten durch Gerichtsbeschluß vom (Datum) ausgesetzt.

Beklagter ist von seiner Wittwe . . und seinen minderjährigen Kindern . . . nach dem Gesetze beerbt worden.

Im Auftrag dieser nehme ich das Verfahren auf und lade die Klägerin zu dem von dem Herrn Vorsitzenden zu bestimmenden Termin behuf mündlicher Verhandlung auf den im Schriftsatz vom (Datum) angekündigten Antrag.

(Ort und Datum der Unterschrift.)

Y., legitimirt durch abschriftlich anliegende Prozeßvollmacht.

---

Allgem. Bemerkung. Vgl. §§ 217 Abs. 1. 223, 225, 227. Die Zustellung erfolgt an den Anwalt der Klägerin, § 162, weil der Rechtsstreit trotz der Unterbrechung des Verfahrens noch als anhängig gilt. Das Formular gilt mut. mut. auch im Amtsgerichtsprozeß.

# Formular 17.

## B. Aufnahme durch den Gegner der verstorbenen Partei.

Urschrift.

An
Königliches Landgericht A. . . .

Erste Civilkammer.

Aufnahme
des Verfahrens
in Sachen
der Handelsfirma A. . . zu B. . .,
Klägerin,
wider
den Gutsbesitzer C. . . zu D. . . .,
Beklagten,
jetzt:
wider
die Erben des Letztern, nämlich:
a. dessen Wittwe . . .,
b. dessen minderjährige Kinder . .,
vertreten durch den Vormund . .,
Beklagte,
wegen Forderung.
. . . Anlagen.

Das Verfahren wurde in Folge Todes des Beklagten durch Gerichtsbeschluß vom (Datum) ausgesetzt.

Beklagter ist von seiner Wittwe . . und seinen minderjährigen Kindern . . . nach dem Gesetze beerbt worden.

Ich nehme das Verfahren gegen diese auf und lade dieselben zu dem von dem Herrn Vorsitzenden zu bestimmenden Termin behuf mündlicher Verhandlung auf den durch Schriftsatz vom (Datum) vorbereiteten Antrag.

Zugleich werden die Gegner aufgefordert, einen bei dem Prozeßgericht zugelassenen Anwalt zu bestellen.

Der Herr Vorsitzende wird gebeten, mit Rücksicht auf die in verschiedenen Gerichtsbezirken wohnenden Beklagten eine geräumige Ladungsfrist bestimmen zu wollen.

(Ort und Datum der Unterschrift.)

X.

---

Allgem. Bemerkung. Vgl. §§ 217 Abs. 2. 223, 225, 227. Vgl. auch Form. 14, insbesondere die Bemerkungen wegen der contumacia. — Der Schriftsatz ist nach § 223 Abs. 2 auch dem Anwalt der verstorbenen Partei zuzustellen.

Das Formular gilt mut. mut. auch für den Amtsgerichtsprozeß.

Bemerkung zu den Form. 13, 14, 16, 17. Die Formulare kommen nicht zur Anwendung, wenn für den Nachlaß der verstorbenen Partei ein Kurator bestellt oder über den Nachlaß der Konkurs eröffnet wird. § 220.

Für die Aufnahme eines durch Konkurseröffnung unterbrochenen Verfahrens gelten mut. mut. die Formulare 16 und 17. Vgl. §§ 218 ff. 223 C.P.O. §§ 8—10, 134 K.O.

Das durch Verlust der Prozeßfähigkeit oder Wegfall des gesetzlichen Vertreters unterbrochene oder in Folge dessen ausgesetzte Verfahren wird durch einfache außergerichtliche Anzeige aufgenommen. § 219. Str. § 219 Anm. 2. Die Anzeige erfolgt durch Zustellung eines Schriftsatzes. § 227. Abschrift dieses ist nach der Zustellung auf der Gerichtsschreiberei niederzulegen. § 124 Abs. 2.

---

## Aufnahme des durch Tod oder Wegfall eines Anwalts unterbrochenen Verfahrens im Anwaltsprozeß.

### Formular 18.

Urschrift.

An
Königliches Landgericht
A. . . .
Erste Civilkammer.

Aufnahme
des Verfahrens
in Sachen
der Handelsfirma A. . . zu B. . .,
Klägerin,
wider
den Gutsbesitzer C. . . zu D. . . .,
Beklagten,
wegen Forderung.
. . . Anlagen.

Das Verfahren wurde durch den am (Datum) erfolgten Tod des gegnerischen Herrn Anwalts unterbrochen.

Der Beklagte wird aufgefordert, einen neuen, bei dem Prozeßgericht zugelassenen Anwalt zu bestellen und zu dem von dem Herrn Vorsitzenden zu bestimmenden Termin behuf mündlicher Verhandlung auf den im Schriftsatz vom (Datum) vorbereiteten Antrag geladen.

(Ort und Datum der Unterschrift.)

X.

---

## Formular 19.

Urschrift.

An
Königliches Landgericht A. . . .
Erste Civilkammer.
Antrag
in Sachen
(rubrum wie oben.)

Das Verfahren wurde durch den am (Datum) erfolgten Tod des gegnerischen Herrn Anwalts unterbrochen.

Der Beklagte wird aufgefordert, binnen einer von dem Herrn Vorsitzenden zu bestimmenden Frist einen neuen Anwalt zu bestellen.

(Ort und Datum der Unterschrift.)

X.

---

Allgem. Bemerkung. Wird das Prozeßverfahren durch Tod oder Wegfall des Anwalts (§ 221) unterbrochen, so genügt, wie im Fall des Verlustes der Prozeßfähigkeit (vgl. oben Bem. zu den Form. 13, 14, 16, 17) behuf Aufnahme des Verfahrens die Anzeige von der Bestellung des neuen Anwalts. §§ 221 Abs. 1. 227, 124 Abs. 2. Wird diese Anzeige verzögert, so ist eins der beiden Formulare 18 und 19 in Gemäßheit des § 221 Abs. 2 zur Anwendung zu bringen.

Der Inhalt des Form. 19 wird nicht mündlich verhandelt, da es sich um die Herbeiführung eines rein administrativen, von dem Gerichtsvorsitzenden vorzunehmenden Prozeßakts handelt. Vgl. über das Prinzip der Mündlichkeit Str. Anm. z. § 119.

Abschriften des Schriftsatzes und der Verfügung sind zuzustellen.

Der Gegner kommt der Aufforderung dadurch nach, daß er dem Antragsteller von der Bestellung des neuen Anwalts Anzeige macht.

## Formular 20.

### Aufnahme eines ruhenden Verfahrens[1]) im Anwaltsprozeß.

Urschrift.

An
Königliches Landgericht A. . . .
Erste Civilkammer.
Aufnahme
des Verfahrens
in Sachen
(rubrum).

Das in Folge Vereinbarung (oder: in Folge Ausbleibens der Parteien im letzten Termine)[2]) ruhende Verfahren aufnehmend, lade ich den Gegner zu dem von dem Herrn Vorsitzenden zu bestimmenden Termin behuf mündlicher Verhandlung auf den durch Schriftsatz vom (Datum) vorbereiteten Antrag.

(Ort und Datum der Unterschrift.)
X.

---

1) § 228. 2) § 228 Abs. 2. Das Formular gilt mut. mut. auch im Amtsgerichtsprozeß.

## Formular 21.

### Abstandnahme des Klägers vom Prozeß im Anwaltsprozeß.

Urschrift.

An
Königliches Landgericht A. . . .
Erste Civilkammer.
Zurücknahme der Klage
in Sachen
(rubrum).

Die durch Klageschrift vom (Datum) erhobene Klage wird zurückgenommen.

(Ort und Datum der Unterschrift.)
X.

Allgem. Bemerkung. Vgl. § 243.

Der Schriftsatz wird zugestellt. Eine mündliche Verhandlung desselben ist überflüssig, da die Klage im Augenblick der Zustellung des Schriftsatzes als zurückgenommen gilt. Abschrift des Schrifsatzes ist sofort nach der Zustellung auf der Gerichtsschreiberei niederzulegen. § 243 Abs. 2.

Das Formular gilt auch im Amtsgerichtsprozeß.

---

# Formular 22.

## Auftrag wegen Zustellung des Urtheils[1]) im Anwaltsprozeß.

An

den Herrn Gerichtsvollzieher G.

zu

A. . . .

In Sachen (kurze Angabe des rubrum) sende ich Ihnen hierneben eine Ausfertigung[2]) des Urtheils vom (Datum) sowie beglaubigte Abschrift desselben mit dem Auftrage, letztere dem Beklagten zuzustellen[3]) und mir demnächst die mit der Zustellungsurkunde versehene Ausfertigung unter Einziehung Ihrer Kosten zurückzuliefern.

(Ort und Datum der Unterschrift).

X.

---

[1]) § 288 Abs. 1. [2]) Die Ausfertigung des Urtheils ertheilt der Gerichtsschreiber. § 271. [3]) In der Regel wird das Urtheil im Zeitpunkt der Verkündung existent; in der Regel ist daher eine Zustellung neben der Verkündung nicht erforderlich. In welchen Fällen eine Zustellung dennoch zu erfolgen hat, vgl. Str. 283 Abs. 2, Anm.

Allgem. Bemerkung. Im Uebrigen vgl. zu diesem Formular die Bemerkungen zum Form. 5.

Im Amtsgerichtsprozeß wird der Gerichtsvollzieher vom Gerichtsschreiber mit der Zustellung beauftragt, sofern nicht die Partei eine entgegengesetzte Anweisung gegeben hat. § 154.

# Formular 23.
## Berichtigung eines Urtheils[1]) im Anwaltsprozeß.

Urschrift.

An
Königliches Landgericht A. . . .

Erste Civilkammer.
Berichtigungsschrift
in Sachen
(rubrum).

(Angabe der zur Begründung des Antrags dienenden thatsächlichen Verhältnisse)[2])

Der Gegner wird zu dem von dem Herrn Vorsitzenden zu bestimmenden Termin behuf mündlicher Verhandlung geladen.[3])

Ich werde beantragen:
(Berichtigungsantrag.)

(Ort und Datum der Unterschrift.)
X.

---

[1]) Die C.P.O. kennt zwei Arten von Berichtigungen. §§ 290, 291. Wegen der ersteren (Berichtigung von Schreib-, Rechnungs-Fehlern und ähnlichen offenbaren Unrichtigkeiten), die auch von Amtswegen geschehen kann, ist ein Schriftsatz überhaupt nicht vorgeschrieben. Es genügt ein einfacher Antrag an's Gericht ohne bestimmte Form, für dessen Einreichung eine Frist nicht vorgeschrieben ist, und über den ohne mündliche Verhandlung erkannt werden kann.

Das Formular bezieht sich auf den zweiten Fall, Berichtigung des Thatbestandes nach § 291. [2]) d. h. Bezeichnung der betreffenden Unrichtigkeit im Thatbestand. Soweit erforderlich, ist zur Begründung des Antrags auf diejenigen Prozeßverhandlungen Bezug zu nehmen, aus denen sich die Unrichtigkeit ergiebt (Schriftsätze, Protokollanlagen, das Protokoll selbst. §§ 270, 285).

Eine Bezeichnung von Beweismitteln ist überflüssig, da das Gericht ohne vorgängige Beweisaufnahme entscheidet. § 291 Abs. 4. [3]) „Ladung" und „Berichtigungsantrag" müssen im Schriftsatz enthalten sein; sonst ist derselbe wirkungslos. § 291 Abs. 3. Wegen der Zustellung vgl. §§ 152 ff. 181.

Allgem. Bemerkung. Ueber die Frist siehe § 291 Abs. 2, § 287. Da der Thatbestand eines Urtheils nicht verkündet wird (§ 282), die Berichtigungsfrist aber durch Zustellung des Schriftsatzes gewahrt werden muß (§ 291 Abs. 1) so empfiehlt es sich, sich möglichst bald durch Einsicht des Thatbestandes Kenntniß von demselben zu verschaffen.

Es ist m. E. nicht ausgeschlossen, den Berichtigungsantrag gleich nach der Verkündung des Urtheils im Termin zu stellen (§ 291 „so **kann** die Berichtigung ꝛc."). Es wird sich dies sogar empfehlen, weil den Richtern die mündliche Verhandlung noch frisch im Gedächtniß ist.

Das Formular eines Berichtigungsschriftsatzes im Amtsgerichtsprozeß ergiebt sich mut. mut. aus dem obigen.

Wegen der Einreichung des Antrags bei dem Gerichtsschreiber, der Terminsansetzung, der Zustellung gilt das zum Form. 1 Bemerkte.

---

# Formular 24.

## Ergänzung eines Urtheils[1]) im Anwaltsprozeß.

Urschrift.

An
Königliches Landgericht A. . . .
Erste Civilkammer.
Ergänzungsfrist
in Sachen
(rubrum).

(Angabe der zur Begründung des Antrags dienenden thatsächlichen Verhältnisse).

Der Gegner wird zu dem von dem Herrn Vorsitzenden zu bestimmenden Termin behuf mündlicher Verhandlung geladen.[2])

Ich werde beantragen:
(Ergänzungsantrag[2]).
(Ort und Datum der Unterschrift.)
X.

---

[1]) § 292. [2]) Die Aufnahme der „Ladung" und des „Ergänzungsantrags" in den Schriftsatz ist obligatorisch. § 292 Abs. 3.

Allgem. Bemerkung. Es steht auch hier, wie beim Berichtigungsantrage, Nichts entgegen, daß die Ergänzung im Urtheilstermin beantragt wird.

Das Formular für den Amtsgerichtsprozeß ergiebt sich mut. mut. aus dem obigen.

## Einspruch im Anwaltsprozeß.

### Formular 25.

Urschrift.

An
Königliches Landgericht
A. . . .[1])
Erste Civilkammer.
Einspruchsschrift
in Sachen
(rubrum).

Gegen das Versäumnißurtheil vom (Datum[2]) lege ich im Auftrag des Beklagten Einspruch[2]) ein.

Zu dem von dem Herrn Vorsitzenden zu bestimmenden Termin behuf mündlicher Verhandlung lade[2]) ich den Gegner[3]).

Ich werde beantragen:

daß dem Einspruch stattgegeben werde.

(Ort und Datum der Unterschrift.)

Y., legitimirt durch abschriftlich anliegende Prozeßvollmacht.

### Formular 26.

Urschrift.

An
Königliches Landgericht A. . . .[1])
Erste Civilkammer.
Einspruchsschrift
und
Klagebeantwortung
in Sachen
(rubrum).

Gegen das Versäumnißurtheil vom (Datum[2]) lege ich im Auftrag des Beklagten Einspruch[2]) ein.

(Angabe der zur Begründung des sachlichen Antrags dienenden thatsächlichen Verhältnisse, Erklärungen über die thatsächlichen Behauptungen in der Klageschrift und Bezeichnung der Beweismittel).

Zu dem von dem Herrn Vorsitzenden zu bestimmenden Termin behuf mündlicher Verhandlung lade[2]) ich den Gegner[3]).

Ich werde beantragen:

daß dem Einspruch stattgegeben und in der Sache selbst . . .
(Antrag)

(Ort und Datum der Unterschrift).

Y., legitimirt durch abschriftlich anliegende Prozeßvollmacht.

Allgem. Bemerkung. Das Gesetz verlangt beim Einspruch nicht zugleich Nachholung der versäumten Prozeßhandlung. § 305. Anders beim Restitutionsantrag. § 214. —

Formular 25 enthält Nichts weiter als den Einspruch, Formular 26 daneben die nachgeholte, versäumte Prozeßhandlung. — Als Beispiel in beiden Formularen ist der Einspruch gegen ein Versäumnißurtheil, durch das der Klage Statt gegeben wurde, gewählt. Der Einspruch ist übrigens gegen Versäumnißurtheile aller Art zulässig, nur nicht in den im §§ 216 Abs. 2 und 310 bezeichneten Fällen.

Da die Einspruchsfrist eine kurze ist (zwei Wochen § 304) und durch Zustellung der Einspruchsfrist gewahrt werden muß (§ 305 Abs. 1), so wird der Prozeßbevollmächtigte sehr häufig nicht in der Lage sein, den sachlichen Antrag und die Begründung desselben zugleich mit dem Einspruchsschriftsatz auszuarbeiten. In diesem Fall genügt die Zustellung des Formular 25, um die Zurückversetzung des Prozesses in die frühere Lage durch Richterspruch herbeizuführen. Nachdem der Einspruch im Verhandlungstermin für zulässig erklärt worden sein wird, wird behuf Verhandlung der Hauptsache eine Vertagung auf Kosten des Einspruchseinlegenden eintreten müssen. §§ 90, 205.

Ist genügende Zeit vorhanden, so ist es, schon um die Kosten der Vertagung zu ersparen, zweckmäßig, die versäumte Prozeßhandlung in der Einspruchsschrift nachzuholen (Form. 26). Dies wird auch durch das instruktionelle Wort „soll" im § 305 Abs. 2 ausdrücklich zur Pflicht gemacht.

[1]) Der Einspruch ist kein Rechtsmittel im Sinne der C.P.O. Str. § 303 Anm. 3. Das zur Entscheidung über den Einspruch zuständige Gericht ist dasjenige, welches das Versäumnißurtheil erließ. Str. § 306 Anm. 1. [2]) § 305 Nr. 1—3. Dieser Inhalt ist obligatorisch. [3]) Die Zustellung der Einspruchsschrift erfolgt an den Anwalt des Gegners (§ 162), weil der Rechtsstreit noch anhängig ist.

Allgem. Bemerkung. Die Formulare der Einspruchsschrift für den Amtsgerichtsprozeß ergeben sich mut. mut. aus den vorstehenden.

## Vorlegung von Urkunden im Anwaltsprozeß.

# Formular 27.

## A. Editionsantrag wider den Prozeßgegner.

Urschrift.

An
Königliches Landgericht A. . . .
Erste Civilkammer.
Antrag
wider
den Beklagten
auf
Vorlegung von Urkunden
in Sachen
(rubrum).

Die Notariatsurkunde vom (Datum[1]), welche (Angabe des Inhalts der Urkunde)[2]) . . . . . und durch welche erwiesen werden soll, daß[3]) . . . ., befindet sich in den Händen des Beklagten. Die Urkunde wurde vom Notar für ihn ausgefertigt und ihm ausgehändigt.[4])

Beklagter ist zur Vorlegung dieser Urkunde verpflichtet, weil . . . Zur Glaubhaftmachung dessen beziehe ich mich auf[5]) . . . .

In dem zur mündlichen Verhandlung der Sache anstehenden Termin werde ich beantragen:

daß dem Gegner die Vorlegung der Urkunde aufgegeben werde.

(Ort und Datum der Unterschrift.)

X.

---

Allgem. Bemerkung. Der Akt der Beweisantretung besteht in dem im Termin zu stellenden Antrag, daß dem Gegner die Vorlegung der Urkunde aufgegeben werde. § 386. Der Schriftsatz hat keinen bestimmenden, sondern lediglich einen vorbereitenden Charakter. Es ist (um Terminsvertagungen zu vermeiden) zweckmäßig, das Editionsgesuch mit dem die Hauptsache selbst betreffenden Schriftsatz (Klageschrift, Klagebeantwortung 2c.) zu verbinden. Vgl. Anm 7 z. Form. 1. [1]) § 389 Nr. 1. [2]) § 389 Nr. 3. [3]) § 389 Nr. 2. [4]) § 389 Nr. 4. Einer Glaubhaftmachung der hier bezeichneten Umstände bedarf es nicht. [5]) § 389 Nr. 5. Vgl. §§ 387, 266.

# Formular 28.

## B. Antrag gegen einen Dritten.

Urschrift.

An
Königliches Landgericht
A. . . .

Erste Civilkammer.

Antrag
in Sachen
(rubrum).

Die Notariats-Urkunde vom (Datum) enthält . . . (Angabe des Inhalts der Urkunde). Ich werde dadurch erweisen, daß . . .

Es befindet sich diese Urkunde in den Händen des W. . . zu N. . . wie ich durch die folgenden Mittel glaubhaft mache . . . .

N. . . . ist zur Edition der Urkunde verpflichtet, weil . . . Auch dies mache ich glaubhaft durch . .

In dem zur mündlichen Verhandlung der Sache anstehenden Termin werde ich beantragen:

daß mir behuf Herbeischaffung der Urkunde eine Frist von . . . Monaten bestimmt werde.

(Ort und Datum der Unterschrift.)

X.

---

Allgem. Bemerkung. Der Akt der Beweisantretung liegt auch hier in dem im Termin zu stellenden Gesuch, daß dem Antragsteller eine Frist zur Herbeischaffung der Urkunde gesetzt werde. § 393. Der zur Begründung dieses Antrags erforderliche Inhalt des Schriftsatzes unterscheidet sich von dem Inhalt des Form. 27 allein dadurch, daß glaubhaft zu machen ist, daß sich die Urkunde in den Händen des Dritten befindet. Es bedarf der Glaubhaftmachung lediglich dem Prozeßgegner gegenüber, da das (durch separate Editionsklage anhängig zu machende) Verfahren zwischen dem Antragsteller und dem dritten Besitzer der Urkunde außerhalb des Hauptprozesses liegt. Gesteht also der Prozeßgegner die glaubhaft zu machenden Thatumstände zu, dann ist die Glaubhaftmachung überflüssig.

Befindet sich die Urkunde in den Händen einer öffentlichen Behörde oder eines öffentlichen Beamten (§ 397), so ist an das Prozeßgericht ein formloser Antrag auf Erlaß einer Requisition zu richten. Der Antrag ist im Termin zu stellen, da der durch die betr. Urkunde zu erbringende Beweis mit der mündlichen Verhandlung des Antrags als angetreten gilt. § 397 Abs. 1. — Wird die Mittheilung der Urkunde Seitens der Behörde oder des Beamten geweigert, so ist ein dem obigen Formular entsprechender Antrag zu stellen.

# Formular 29.

## Sicherung des Beweises im Anwaltsprozeß.

Urschrift.

An
Königliches Landgericht A. . . .
Erste Civilkammer.

Antrag
auf
Beweisaufnahme
in Sachen
(rubrum).

Es wird die Vernehmung der folgenden Zeugen (oder Sachverständigen) . . (oder: Es wird die Einnahme des gerichtlichen Augenscheins) über die folgenden Thatsachen beantragt . . .

Wenn die Aufnahme des Beweises nicht jetzt schon erfolgt, so ist zu besorgen, daß die zu sichernden Beweismittel verloren gehen (oder: die Benutzung der Beweismittel erschwert wird). Ich mache das durch die folgenden Beweismittel glaubhaft . . .

(Ort und Datum der Unterschrift.)

X.

---

Allgem. Bemerkung. Das Formular ist nach den sehr einfachen und klaren Bestimmungen des § 449 entworfen. Der Schriftsatz hat einen bestimmenden Charakter. Die im § 449 unter Nr. 1 — 4 aufgezählten Erfordernisse sind obligatorisch („das Gesuch muß enthalten"). Wird denselben nicht entsprochen, so kann der Antrag ohne mündliche Verhandlung zurückgewiesen werden.

Der Antrag unterliegt dem Anwaltszwange nicht, weil er auch zu Protokoll des Gerichtsschreibers gestellt werden kann. Derselbe wird, da die Entscheidung ohne vorhergehende mündliche Verhandlung erfolgen kann, in simplo eingereicht. Sollte die mündliche Verhandlung verfügt werden, so tritt selbstverständlich Anwaltszwang ein. Vgl. die auch hier zutreffende Bem. 1. z. Form. 10.

Wegen der Competenz des Gerichts vgl. § 448.

Zur Beweisaufnahme muß der Gegner geladen werden § 452. Wegen der sehr nachtheiligen Folgen der versäumten Ladung vgl. § 454 Abs. 2.

Die Beweisaufnahme ohne Namhaftmachung des Prozeßgegners ist unter der im § 455 vorgeschriebenen Voraussetzung zulässig.

Die Form für den bei dem Amtsgerichte zu stellenden Antrag ergiebt sich mut. mut. aus dem Formular.

# Berufung.

## Formular 30.

Urschrift.[1])

An
Königliches Landgericht A. . . .[2])
Erste Civilkammer.
Einlegung[3])
der
Berufung
in Sachen
der Handelsfirma A. . . zu B. . .,
Klägerin, Berufungsbeklagten[4]),
wider
den Gutsbesitzer C. . . zu D. . . .,
Beklagten, Berufungskläger[4]),
wegen Forderung.

Gegen das Urtheil des Amtsgerichts A. . . . vom (Datum[5]) lege ich im Auftrag des Beklagten Berufung ein[6]).

Die Klägerin wird vor das Landgericht A. . . zu dem von dem Herrn Vorsitzenden zu bestimmenden Termin behuf mündlicher Verhandlung der Berufung geladen[7]) und aufgefordert, einen bei dem Landgericht zugelassenen Anwalt zu bestellen.

(Ort und Datum der Unterschrift).
Y., legitimirt durch abschriftlich anliegende Prozeßvollmacht.

## Formular 31.

Urschrift[1])

An
Königliches Landgericht A. . . .[2])
Erste Civilkammer.
Berufungsschrift[3])
in Sachen
der Handelsfirma A. . . zu B. . .,
Klägerin, Berufungsbeklagten[4]),
wider
den Gutsbesitzer C. . . zu D. . . .,
Beklagten, Berufungskläger[4]),
wegen Forderung.
. . . Anlagen.

Gegen das Urtheil des Amtsgerichts A. . . . vom (Datum[5]) lege' ich im Auftrag des Beklagten Berufung ein[6]). Das Urtheil wird angefochten, weil es den Beklagten der Klage gemäß verurtheilt und nicht vielmehr die Klage abgewiesen hat[7]).

Die Klägerin wird vor das Landgericht A. . . . zu dem von dem Herrn Vorsitzenden zu bestimmenden Termin behuf mündlicher Verhandlung der Berufung geladen[7]) und aufgefordert, zu ihrer Vertretung einen bei dem Landgericht zugelassenen Anwalt zu bestellen.

Ich werde beantragen:

daß das Urtheil erster Instanz aufgehoben und die Klage abgewiesen werde[9])

(Ort und Datum der Unterschrift.)
Y., legitimirt durch abschriftlich anliegende Prozeßvollmacht.

Allgem. Bemerkung. Die bestimmende und die vorbereitende Natur des Berufungsschriftsatzes ist im § 479 und § 480 scharf von einander geschieden.

Die Berufung ist eingelegt, sobald ein Schriftsatz des im § 479 vorgeschriebenen bestimmenden Inhalts dem Gegner innerhalb der Berufungsfrist (§ 477) zugestellt worden ist. — Durch die Erklärung, daß die Berufung eingelegt werde (die übrigens auch in andern Worten ausgedrückt werden darf — vgl. Str. § 479 Anm. 3) wird das Endurtheil gegen das die Berufung gerichtet ist, in seinem ganzen Umfange angegriffen (die Vorentscheidungen eingerechnet. § 473).

In Gemäßheit der Vorschrift, daß im Anwaltsprozeß die mündliche Verhandlung durch Schriftsätze vorbereitet werden soll (§ 120), bestimmt der § 480 — lediglich instruktionell — den Inhalt des vorbereitenden Schriftsatzes. In diesem soll, im Gegensatz zu der formellen Berufungseinlegung, das materielle Theil der Berufung (Berufungsantrag, neue Thatsachen, neue Beweismittel) seinen Ausdruck finden.

Wird demnach die Berufung durch einen Schriftsatz nach Form. 30 eingelegt, so bedarf es daneben behuf Vorbereitung der mündlichen Verhandlung der Zustellung eines dem Inhalte des § 480 ensprechenden Schriftsatzes und der Niederlegung desselben auf der Gerichtsschreiberei nach erfolgter Zustellung an den Gegner. § 124. Ueber die Frist der Zustellung vgl. § 123.

Das Formular 30 wird nur in einzelnen, eiligen Fällen Anwendung finden, weil der Anwalt in der Regel in der Lage sein wird, mit der Einlegung der Berufung den Schriftsatz materiellen Inhalts zu verbinden. Diese Verbindung enthält das Form. 31, es wird also die Regel bilden.

In den Formularen ist als Beispiel die Berufung gegen das Urtheil eines Amtsgerichts gewählt. Für die Berufung gegen Urtheile des Landgerichts kommen die Formulare mut. mut. ebenfalls zur Anwendung.

¹) Die Urschrift wird, wie bei der Klageerhebung, bei dem Gerichtsschreiber zum Zweck der Terminsbestimmung eingereicht. § 193. Gleichzeitig ist eine für das Gericht bestimmte Abschrift bei dem Gerichtsschreiber niederzulegen. § 124. ²) Wegen der Competenz vgl. §§ 71 (123. Nr. 1) G.V.G. ³) Für das Form. 30 ist die Ueberschrift „Einlegung der Berufung" gewählt, um den rein formellen, bestimmenden Inhalt zu kennzeichnen, für das Form. 31 dagegen der Ausdruck „Berufungsschrift", um zugleich auf den materiellen Inhalt hinzuweisen. Der jetzt in der Provinz Hannover übliche Ausdruck „Berufungsantrag" ist nicht ordnungsmäßig. § 480. — Vom Standpunkt der C.P.O. aus, die das Prozeß-Berufungsrecht als das Recht auf Gewährung eines novum judicium ansieht, würde die Bezeichnung „Berufungsklage" oder „Berufungsklageschrift" statt „Berufungsschrift" nicht unpassend erscheinen (vgl. auch die Parteibezeichnungen in der C.P.O. „Berufungskläger, Berufungsbeklagter"). Ich habe trotzdem den Ausdruck vermeiden zu müssen geglaubt, weil ich ihn nicht für sprachlich correct halte. Der Ausdruck „Berufungsschrift" findet sich übrigens auch in der C.P.O. Vgl. § 484.

⁴) Die Worte „Berufungskläger", „Berufungsbeklagter" sind, wie bemerkt, term. technici der C.P.O. Ich halte es für zweckmäßig, durch Aufnahme dieser Ausdrücke sowie der Worte „Kläger" und Beklagter" in das rubrum dem Richter (Vorsitzenden, Referenten) auf den ersten Blick das Parteiverhältniß klarzustellen. Der Bezeichnung „Berufungskläger" und „Berufungsbeklagter" habe ich mich im Uebrigen in den Formularen nicht bedient, weil

durch die Bezeichnung der Parteien als „Kläger" und „Beklagter" das materielle Rechtsverhältniß (namentlich auch während der mündlichen Verhandlung) viel klarer gemacht wird, als durch die Worte „Berufungskläger" und „Berufungsbeklagter". [5]) § 479 Nr. 1. [6]) § 479 Nr. 2. [7]) § 479 Nr. 3. Der unter Nr. 5, 6, 7 bezeichnete Inhalt ist obligatorisch. Mangelt eines dieser Erfordernisse, so ist die Berufung zurückzuweisen, und zwar von Amtswegen § 497. Auch die Aufforderung an den Gegner, einen beim Prozeßgericht zugelassenen Anwalt zu bestellen, ist obligatorisch. § 192. — An wen der Berufungsschriftsatz zuzustellen ist, sagt der § 164. [8]) § 480 Abs. 2. An dieser Stelle können die zur Begründung des Antrags dienenden thatsächlichen Verhältnisse bezeichnet werden. § 121 Nr. 3, § 480 Abs. 1; auch sind hier etwaige neue Thatsachen und Beweismittel geltend zu machen. §§ 480, 491. — Eine Klageänderung ist unzuläßig und von Amtswegen zu berücksichtigen. § 489. [9]) § 480 Abs. 2.

Bem. zum Form. 30. Die Berufung kann gleichzeitig mit der Zustellung des Urtheils eingelegt werden. § 477 Abs. 2.

---

# Formular 32.

## Berufungsgegenschrift.

Urschrift.[1])

An
Königliches Landgericht
A. . .
Erste Civilkammer.

Berufungsgegenschrift[2])
in Sachen
(rubrum).

(1. Erklärung über die neuen thatsächlichen Behauptungen und Beweismittel der Berufungsschrift[3]).

2. Angabe neuer Thatsachen und Beweismittel).[3])

Im Wege der Anschließung fechte ich das Urtheil des Amtsgerichts insoweit an, als[4]) . . . .

Ich werde beantragen[4]):
daß die Berufung verworfen und[5]) . . (Anschließungsantrag).

(Ort und Datum der Unterschrift.)
X., legitimirt durch abschriftlich anliegende Prozeßvollmacht.

---

Allgem. Bemerkung. Ueber Form und Inhalt der lediglich einen vorbereitenden Charakter tragenden Berufungsgegenschrift gelten die allgemeinen Vorschriften des § 121 und die speziellen des § 484. Diese Vorschriften sind nur instructionell.

[1]) Die für's Gericht bestimmte Abschrift des Schriftsatzes wird nach erfolgter Zustellung auf der Gerichtsschreiberei niedergelegt. Ueber die Zeit der Zustellung vgl. § 484. Die Nichtinnehaltung der Frist führt sachliche Nach-

theile nicht herbei. [2]) Auch die Ueberschrift „Berufungsbeantwortung" (analog der „Klagebeantwortung") wird passend sein. [3]) § 121 Nr. 4, § 484 Abs. 2. [4]) Wegen der Anschließung vgl. §§ 482 ff. — Die Anschließung ist, wie die Berufung, durch Angabe der zur Begründung des Antrags dienenden thatsächlichen Verhältnisse zu substantiiren (§ 121 Nr. 3) und soll neben dem Antrage die Erklärung enthalten, inwieweit das Urtheil im Wege der Anschließung angefochten wird (vgl. § 480 Abs. 2). Es ist das zwar nicht, wie bei der Revision (§ 519 Abs. 2) ausdrücklich vorgeschrieben, versteht sich aber von selbst. [5]) § 484 Abs. 2. Zur Geltendmachung von novis bedarf es der Anschließung nicht. Aus dem Zweck der Berufung, ein novum judicium herbeizuführen, folgt, daß der Berufungsbeklagte, ohne eine Anschließungsbeschwerde aufzustellen, neue Thatsachen und Beweismittel vorführen darf. Vgl. Str. § 491 Anm. 1.

# Formular 33.

## Zurücknahme der Berufung.

| Urschrift. | |
|---|---|
| An<br>Königliches Landgericht A. . . .<br>Erste Civilkammer.<br>Zurücknahme<br>der Berufung<br>in Sachen<br>(rubrum). | Die erhobene Berufung wird zurückgenommen.<br>(Ort und Datum der Unterschrift).<br>X. |

Vgl. Form. 21 und § 476.

## Revision.

# Formular 34.

| Urschrift. | |
|---|---|
| An<br>das Reichsgericht in Leipzig[1]).<br>Erster Civilsenat[2]).<br>Einlegung<br>der<br>Revision<br>in Sachen<br>der Handelsfirma A. . . zu B. . .,<br>Klägerin[3]), Revisionsklägerin,<br>wider<br>den Gutsbesitzer C. . . zu D. . . .,<br>Beklagten[3]), Revisionsbeklagten,<br>wegen Forderung. | Gegen das Urtheil des Oberlandesgerichts . . vom (Datum) [4]) lege ich im Auftrag der Klägerin die Revision ein[5]).<br>Der Beklagte wird vor das Reichsgericht zu dem von dem Herrn Vorsitzenden zu bestimmenden Termin behuf mündlicher Verhandlung der Revision geladen[6]) und aufgefordert, zu seiner Vertretung einen bei dem Reichsgericht zugelassenen Anwalt zu bestellen[7]).<br>(Ort und Datum der Unterschrift).<br>X.,[12]) legitimirt durch abschriftlich anliegende Prozeßvollmacht. |

# Formular 35.

Urschrift.

An
das Reichsgericht in Leipzig[1]).

Erster Civilsenat[2]).

Revisionsschrift
in Sachen
der Handelsfirma A. . . zu B. . .,
Klägerin[3]), Revisionsklägerin,
wider
den Gutsbesitzer C. . . zu D. . . .,
Beklagten[3]), Revisionsbeklagten,
wegen Forderung.

. . . Anlagen.

Gegen das Urtheil des Oberlandesgerichts . . vom (Datum)[4]) lege ich im Auftrag der Klägerin die Revision ein[5]). Das Urtheil wird insoweit angefochten, als[6]) . . (Bezeichnung der im § 518 Nr. 1, 2, 3 der C.P.O. vorgesehenen Rechtsnorm, bezw. Thatsachen[9]).)

Der Werth des Beschwerdegegenstandes[10]) übersteigt die Summe von 1500 M., wie ich durch die folgenden Mittel glaubhaft machen werde[11]) . . .

Der Beklagte wird vor das Reichsgericht zu dem von dem Herrn Vorsitzenden zu bestimmenden Termin behuf mündlicher Verhandlung der Revision geladen[8]) und aufgefordert, zu seiner Vertretung einen bei dem Reichsgericht zugelassenen Anwalt zu bestellen[7]).

Ich werde beantragen:

(Revisionsantrag).

(Ort und Datum der Unterschrift).

X.,[12]) legitimirt durch abschriftlich anliegende Prozeßvollmacht.

---

Allgem. Bemerkung. Wie bei der Berufung, so wird auch bei der Revision zwischen dem bestimmenden und vorbereitenden Charakter des die Revision einleitenden Schriftsatzes unterschieden (§§ 515 und 516). Die allgemeine Bemerkung zu den Formularen 30 und 31 trifft also auch hier zu, und ebenso die Anm. 1 daselbst. — Wegen der Revisionsfrist vgl. § 514.

1) Wegen der Competenz siehe § 135 Nr. 1, G.V.G. und § 8 des E.G. zum G.V.G. Das in der ersten Auflage gebrauchte Epitheton „Kaiserliches" war unzutreffend. 2) § 126 G.V.G. 3) Die Aufnahme der Wörter „Klägerin" „Beklagter" scheint mir aus dem in Anm. 4 zu den Formularen 30 und 31 hervorgehobenen Grunde zweckmäßig. 4) 5) 6) Vgl. § 515 Nr. 1, 2, 3. Obligatorischer Inhalt! Bei dem Mangel eines dieser Erfordernisse wird die Revision

von Amtswegen zurückgewiesen. § 529. Vgl. § 497. [7]) Auch die Aufforderung zur Anwaltsbestellung ist obligatorisch. § 192. — Ueber die Zustellung vgl. § 164. [8]) § 516 Abs. 2. Bezeichnung des beschwerenden Theils des Urtheils. [9]) § 516 Nr. 1, 2, 3. Vgl. Str. Anm. zum § 516. [10]) § 516 Abs. 3. [11]) § 508 Abs. 3. Vgl. § 266. [12]) Unterschrift eines bei dem Reichsgericht zugelassenen Awalts. —

Wird die Revision nicht bei dem Reichsgericht, sondern bei dem nach § 8 des E.G. zum G.V.G. errichteten obersten Landesgericht eingelegt, so findet Anwaltszwang für die Einlegung (Form. 32) nicht Statt. §§ 7, 8 des E.G. zum G.V.G. Es kann hier also die Revisionseinlegung von jedem, bei einem Land- oder Oberlandesgericht zugelassenen Rechtsanwalt unterschrieben werden. Auch bedarf es in diesem Fall nicht der Aufforderung, einen bei dem Reichsgericht zugelassenen Anwalt zu bestellen.

Bem. z. Form. 34. Auch die Revision kann, wie die Berufung, gleichzeitig mit Zustellung des Urtheils, gegen das sie gerichtet wird, eingelegt werden. § 514 Abs. 2.

---

# Formular 36.

## Revisionsgegenschrift.

Urschrift.

An
das Reichsgericht in Leipzig.
Erster Civilsenat.

Revisionsgegenschrift
in Sachen
(rubrum).

(Erklärung über die in der Revisionsschrift enthaltenen thatsächlichen Behauptungen.)[1])

Im Wege der Anschließung fechte ich das Urtheil des Oberlandesgerichts insoweit an, als[2]) . . (Bezeichnung der im § 518 Nr. 1, 2, 3 der C.P.O. vorgesehenen Rechtsnorm bezw. Thatsachen[3]).)

Ich werde beantragen:
daß die Revision verworfen und . .
(Anschließungsantrag[4]).

(Ort und Datum der Unterschrift).
Y. . . . legitimirt durch abschriftlich anliegende Prozeßvollmacht.

---

Allgem. Bemerkung. Vgl. die auch hier zutreffende allgem. Bem. zum Form. 32 und die §§ 121, 519.

[1]) § 121 Nr. 3. [2]) Bezeichnung des beschwerenden Theils des Urtheils. § 519 Abs. 2, § 516. [3]) § 519 Abs. 2, § 516 Nr. 1, 2, 3. [4]) § 519 Abs. 2,

§ 516. — Wegen des Werths des Gegenstandes der Anschließungsbeschwerde vgl. Str. Anm. z. § 518. Die Angabe des Werths wird nur dann praktische Bedeutung haben, wenn die Revision als unzulässig verworfen worden und der Revisionsbeklagte sich innerhalb der Revisionsfrist der Revision angeschlossen haben sollte.

Für die Zurücknahme der Revision gilt mut. mut. das Form. 33.

# Formular 37.

## Beschwerde in Amtsgerichtssachen.

Urschrift.[1])

An
Königliches Landgericht[2])
A. . . .
Erste Civilkammer.

Beschwerdeschrift
in Sachen
der Handelsfirma A. . . zu B. . .,
Klägerin,
wider
den Gutsbesitzer C. . . zu D. . . .,
Beklagten,
wegen Forderung.

. . . Anlagen.

Gegen die Entscheidung des Amtsgerichts . . . . vom (Datum) lege ich Beschwerde ein.[3])

(Angabe der zur Begründung des Antrags dienenden thatsächlichen Verhältnisse[4]) sowie Bezeichnung neuer Thatsachen und Beweismittel).[5])

Ich beantrage.[6])

(Antrag).

(Ort und Datum der Unterschrift).

X., legitimirt durch abschriftlich anliegende Prozeßvollmacht.

---

Allgem. Bemerkung. Wegen der Zuständigkeit vgl. § 531.

Als Beispiel ist eine Beschwerde gegen eine Entscheidung des Amtsgerichts gewählt. Die Beschwerde gegen eine solche kann übrigens auch zu Protokoll des Gerichtsschreibers eingelegt werden. § 532 Abs. 2.

Wegen der Form der Beschwerdeschrift sind in der C.P.O. gar keine, wegen des Inhalts weiter keine speziellen Vorschriften gegeben, als daß bestimmt worden ist, die Beschwerde solle „eingelegt" werden. §§ 532, 540. Es wird also der in irgend einer verständlichen Ausdrucksform erklärte Wille, daß die Beschwerde eingelegt werde, genügen. Damit ist indessen eine gleichzeitige, kurze Begründung der Beschwerde und die Stellung eines bestimmten Antrags nicht ausgeschlossen, sondern mit Rücksicht darauf, daß die mündliche Verhandlung verfügt werden kann (§ 536) und diese durch Schriftsatz vorzubereiten sein wird (§ 120), zweckmäßig. Das Formular enthält Beides, die Einlegung und die Erfordernisse des vorbereitenden Schriftsatzes. Wird die mündliche Verhandlung beschlossen, so ist der Gegner, durch einen bei dem Prozeß- (Beschwerde-) gericht zugelassenen Anwalt vertreten, zum Termin zu laden. Vgl. die hier zutreffende Bem. 1 zum Form. 10.

Nach den Motiven zu den §§ 508—510 des E. (532—534 der C.P.O.) unterliegt die Beschwerdeschrift, weil sie für das Beschwerdegericht bestimmt ist, dem Anwaltszwang; sie muß also durch einen bei dem Beschwerdegericht zugelassenen Anwalt unterschrieben werden. Wird die Beschwerde zu Protokoll des Gerichtsschreibers eingelegt, so bedarf es der Anwaltsvertretung nicht. § 74 Abs. 2.

Eine Beschwerdefrist ist nur für die sofortige Beschwerde vorgeschrieben. § 540.

Das Formular für Beschwerden gegen Entscheidungen der Landgerichte und Oberlandesgerichte ergiebt sich einfach aus dem obigen.

[1]) Die Beschwerdeschrift wird in simplo eingereicht. Für den Fall, daß die mündliche Verhandlung verfügt werden sollte, vgl. die hier zutreffende Bem. 1 zum Form 10. [2]) Da die Beschwerde für die Cognition des Beschwerdegerichts bestimmt ist, so ist sie auch an dasselbe zu richten, trotzdem die Einlegung durch Einreichung der Beschwerdeschrift bei demjenigen Gericht erfolgt, von welchem die angefochtene Entscheidung erlassen worden ist. [3]) § 532. [4]) § 121 Nr. 3. [5]) § 533. [6]) § 121 Nr. 2.

## Nichtigkeits- und Restitutionsklage im Anwaltsprozeß.

# Formular 38.

Urschrift.

An
Königliches Landgericht A. . . .[1])
Erste Civilkammer.

Nichtigkeits- (Restitutions-)
Klageschrift
in Sachen
der Handelsfirma A. . . zu B. . ., Klägerin, Nichtigkeits- (Restitutions-) Beklagte,
wider
den Gutsbesitzer C. . . zu D. . . ., Beklagten, Nichtigkeits- (Restitutions-) Kläger,
wegen Forderung.

Gegen das Urtheil des . . . . . vom (Datum)[2]) erhebe ich im Auftrag des Beklagten die Nichtigkeits- (Restitutions-) Klage[3]).

Die Klägerin wird vor das Landgericht A. . . . zu dem von dem Herrn Vorsitzenden zu bestimmenden Termin behuf mündlicher Verhandlung des Rechtsstreits geladen.

(Ort und Datum der Unterschrift).

Y.[8])

Allgem. Bemerkung. Das Formular gilt für den Urkundenprozeß im Allgemeinen, sowie speziell für den Wechselprozeß. Insoweit die §§ 555—567 keine Abweichungen enthalten, finden die allgemeinen Vorschriften entsprechende Anwendung. Vgl. also Form. 1.

Für den Wechselprozeß ist eine kurze Einlassungsfrist gesetzlich bestimmt. § 567. Im Urkundenprozeß (abgesehen vom Wechselprozeß) wird die Abkürzung in Gemäßheit des § 204 vom Vorsitzenden schon aus dem Grunde des gewählten schleunigeren Prozeßverfahrens verfügt werden. Es empfiehlt sich, das betr. Gesuch am Schluß der Klageschrift an den Vorsitzenden zu richten.

[1]) Es ist praktisch, darauf, daß das Urkundenprozeß- oder Wechselprozeß-Verfahren gewählt ist, im rubrum aufmerksam zu machen. [2]) § 230 Nr. 2, § 121 Nr. 3. [3]) § 121 Nr. 5, §§ 555 565. [4]) § 556 Satz 2. Die Vorschrift ist obligatorisch; beim Mangel derselben kann nicht kontumaziirt werden. — Die Beweisantretung im Termin erfolgt durch Vorlegung der Urkunden, also nicht auch durch Stellung von Editionsanträgen (§§ 386, 393, 397). Ein Editionsverfahren im Urkunden- und Wechselprozeß ist unstatthaft. Str. § 558 Anm. 4. [5]) §§ 556, 567. Enthält die Klageschrift diese Erklärung nicht, so gilt das außerordentliche Verfahren des Urkunden- (Wechsel-) Prozesses nicht als eingeschlagen. Wird erst im Verhandlungstermine diese Erklärung wiederholt, so wird die Klage, als in der gewählten Prozeßart unstatthaft, von Amtswegen abgewiesen, weil die Statthaftigkeit der Prozeßart die Erklärung in der Klageschrift, daß sie gewählt werden solle, zur Voraussetzung hat. § 560 Abs. 2.

Allgem. Bemerkung. Wegen des weiteren Verfahrens gelten die allgemeinen Bestimmungen, insoweit die §§ 555—567 keine Ausnahme statuiren. Besondere Bestimmungen für Form und Inhalt der weiteren schriftlichen Anträge, insbesondere der Klagebeantwortung, sind nicht vorgeschrieben.

# Formular 41.

## Klageschrift in Ehesachen.

Urschrift.

An
Königliches Landgericht A. . . .[1])
Erste Civilkammer.

Klageschrift
in Sachen
des Schneidermeisters A. . . . . zu B. . . ., Klägers,
wider
seine Ehefrau Dorette, geb. . . . . daselbst, Beklagte,
wegen Trennung der Ehe,
(oder: wegen Herstellung des ehelichen Lebens).
. . . Anlagen.[2])

(Bestimmte Angabe der zur Begründung des Antrags dienenden thatsächlichen Verhältnisse sowie Bezeichnung der Beweismittel).[3])

Wie aus der für's Gericht in Urschrift, für die Beklagte in Abschrift anliegenden beglaubigten Abschrift des Protokolls des Amtsgerichts A. . . . vom (Datum)[4]) sich ergiebt, ist den Vorschriften über den Sühneversuch Genüge geleistet.

Die Beklagte wird vor das Landgericht A. . . . . zu dem von dem Herrn Vorsitzenden zu bestimmenden Termin behuf mündlicher Verhandlung des Rechtsstreits geladen und aufgefordert, zu ihrer Vertretung einen bei dem Prozeßgericht zugelassenen Anwalt zu bestellen.

Ich werde beantragen:
(Antrag).[5])
(Ort und Datum der Unterschrift.)
X, legitimirt durch abschriftlich anliegende Prozeßvollmacht.

---

Allgem. Bemerkung. Für das Verfahren in Ehesachen sind die allgemeinen Bestimmungen über das Verfahren vor den Landgerichten maßgebend, insoweit sich nicht aus den §§ 568 ff. Abweichungen ergeben. Vgl. also auch hier Form. 1.

Das obige Form. betrifft die Klage wegen Trennung der Ehe und wegen Herstellung des ehelichen Lebens. Die Klagen, welche die Ungiltigkeit oder Nichtigkeit einer Ehe zum Gegenstande haben, unterscheiden sich der Form nach von jenem nur dadurch, daß es der Produktion eines Sühneattestes nicht bedarf. § 570. Wegen der Spezialvorschriften über die Nichtigkeitsklage vgl. die §§ 585 ff.

In Betreff des Verfahrens bei Ehescheidungen auf Grund gegenseitiger

Einwilligung, wegen Rückkehr-, Aufnahme-, Besserungs-Befehle vgl. § 16 Nr. 5 u. 6 des E.G. z. C.P.O.

Die Urtheile, durch welche auf Trennung, Ungiltigkeit, Nichtigkeit einer Ehe erkannt ist, werden von Amtswegen zugestellt. § 582.

[1]) Die Zuständigkeit des Landgerichts ist eine ausschließliche. § 568. Eine Prorogation ist unzulässig. § 40 Abs. 2 [2]) Der Werth des Streitgegenstandes braucht nicht angegeben zu werden. § 230 Abs. 3. [3]) Eideszuschiebungen und Editionsanträge wider den Gegner sind unzulässig. § 577 Abs. 2. [4]) Die C.P.O. bestimmt darüber, auf welche Weise dem Vorsitzenden darzuthun ist, daß den Vorschriften in den §§ 571 ff. über den Sühneversuch entsprochen worden ist, Nichts. Am einfachsten ist die Beilegung des betreffenden amtsgerichtlichen Protokolls oder eines Auszugs daraus in beglaubigter Abschrift. Dem Gegner muß in der Regel einfache Abschrift mitgetheilt werden. § 122 Abs. 1, vgl. auch Abs. 3. — Der Antrag auf Ansetzung des Sühnetermins bei dem Amtsgericht (§ 571) kann schriftlich oder mündlich gestellt werden; es sind dafür bestimmte Formen nicht vorgeschrieben. [5]) Anträge wegen der vermögensrechtlichen Folgen der Ehescheidung gehören nicht hierher, wohl aber die Anträge wegen der Schuldfrage und der Berechtigung oder Untersagung der Wiederverheirathung. Mot. z. d. §§ 551—553 d. E. (§§ 574—576 d.C.P.O.)

---

## Entmündigungsverfahren.

# Formular 42.[1])

An
Königliches Amtsgericht A. . . .[2])

Antrag
auf
Entmündigung des Gastwirths A. . . . zu B. . . .

. . . Anlagen.

(Angabe der den Antrag begründenden Thatsachen und Bezeichnung der Beweismittel).[3])

Ich beantrage:[4])
den Gastwirth A. . . . zu B. . . .
durch Beschluß zu entmündigen.

(Ort und Datum der Unterschrift.)
N.[5])

# Formular 43.

Urschrift.

An
Königliches Landgericht
A....[1])
Erste Civilkammer.

Klageschrift
in Sachen
des Gastwirths A... zu B...,
Klägers,[2])
wider
den Königlichen Staatsanwalt bei dem Landgericht A.... Beklagten,[3])
wegen Anfechtung einer Entmündigung.

(Bestimmte Angabe der zur Begründung des Antrags dienenden thatsächlichen Verhältnisse, sowie Bezeichnung der Beweismittel).[4])

Im Auftrag des Klägers[5]) fechte ich den Beschluß des Amtsgerichts A.... vom (Datum) an.[6])

Der Beklagte wird vor das Landgericht A.... zu dem von dem Herrn Vorsitzenden zu bestimmenden Termin behuf mündlicher Verhandlung des Rechtsstreits geladen.

Ich werde beantragen:

daß der die Entmündigung des Klägers aussprechende Beschluß des Amtsgerichts A..... vom (Datum) aufgehoben werde.

Zum Termin lade ich gleichfalls den N. mit der Aufforderung zur Bestellung eines bei dem Prozeßgericht zugelassenen Anwalts.[8])

(Ort und Datum der Unterschrift.)

X.,[9]) legitimirt durch abschriftlich anliegende Prozeßvollmacht.

---

# Formular 44.

An
Königliches Amtsgericht A....

Antrag
auf
Wiederaufhebung d. Entmündigung
des Gastwirths A... zu B....
... Anlagen.

(Angabe der den Antrag begründenden Thatsachen und Bezeichnung der Beweismittel).

Ich beantrage:

daß die Entmündigung wieder aufgehoben werde.

(Ort und Datum der Unterschrift.)

A.

## Formular 45.

Urschrift.

An
Königliches Landgericht A....
Erste Civilkammer.

Klageschrift
in Sachen
des Gastwirths A.... zu B....,
Klägers,
wider
den Königlichen Staatsanwalt bei dem Landgericht A..., Beklagten,
wegen Wiederaufhebung der Entmündigung.

... Anlagen.

(Wie Formular 43).
Antrag: daß die Entmündigung wieder aufgehoben werde.

---

Allgem. Bemerkung zu den Form. 42 bis 45. Das Verfahren, betreffend die Entmündigung eines Geisteskranken und eines Verschwenders, sowie die Wiederaufhebung der Entmündigung dieser Personen (§§ 593—603, 617—619, 621—623, 625), für dessen Einleitung die Formulare 42 und 44 bestimmt, ist kein rein prozessuales, sondern ein mehr administratives, dem Verfahren in Sachen der freiwilligen Gerichtsbarkeit ähnliches. (Ueber die Entstehungsgeschichte vergl. Str. Anm. 1 zum 2. Abschn. des VI. Buchs.) Es finden daher auf dies Verfahren die Vorschriften der C.P.O. über die mündliche Verhandlung keine Anwendung. Str. § 593 Anm. 2, § 119 Anm. 4. Aus diesem Grunde gilt auch — abgesehen von dem nothwendigen Antrage auf Einleitung des Verfahrens § 593 Abs. 2 — für das Gericht das unbeschränkte Offizialprinzip § 597. — Die Oeffentlichkeit der Verhandlung ist gesetzlich ausgeschlossen. § 172 Abs. 2 G.V.G.

Wesentlich anders gestaltet sich das durch die Formulare 43 und 45 einzuleitende Verfahren, das die Anfechtung eines die Entmündigung aussprechenden Beschlusses und die von dem Gericht abgelehnte Wiederaufhebung der Entmündigung **im Wege des Prozesses** zum Gegenstande hat. Hierfür sind die allgemeinen Vorschriften der C.P.O. über das Prozeßverfahren maßgebend.

Bem. z. Form. 42. Für den Antrag sind keine obligatorischen Formen, ist kein obligatorischer Inhalt vorgeschrieben. §§ 596, 621 Abs. 3. Er kann auch zu Protokoll des Gerichtsschreibers angebracht werden. § 596.

[1]) Der Antrag wird, da eine mündliche Verhandlung nicht Statt findet, in einem einzigen, für's Gericht bestimmten, Exemplar eingereicht. Auch der Zustellung des Antrags an den zu Entmündigenden bedarf es nicht.

Erst der Beschluß wird zugestellt. §§ 602, 623. [2]) Wegen der Kompetenz vgl. §§ 593, 594, 621. Der Gerichtsstand ist ein ausschließlicher. [3]) § 596. Zu den Beweismitteln gehört der Eid des Antragstellers oder des zu Entmündigenden selbstverständlich nicht. [4]) § 593 Abs. 2, § 621. [5]) Wer den Antrag stellen kann, ergiebt sich aus den §§ 595, 621 Abs. 3.

Bem. z. Form. 43. [1]) Ueber die ausschließliche Zuständigkeit vgl. § 606, § 624 Abs. 4. [2]) § 605 Abs. 2. [3]) § 607 Abs. 1; vgl. Abs. 2. — Bei der Entmündigung eines Verschwenders ist die Klage gegen Denjenigen, der die Entmündigung beantragt hat und eventuell erst gegen den Staatsanwalt zu richten. § 624 Abs. 3. [4]) Der Werth des Streitgegenstandes braucht nicht angegeben zu werden. § 230 Abs. 2. [5]) § 121 Nr. 3 und 5. Der Parteieneid als Beweismittel ist gesetzlich ausgeschlossen. § 611 Abs. 2, § 624 Abs. 4. [6]) Im Fall der Entmündigung eines Geisteskranken kann der Vorsitzende des Prozeßgerichts einen Anwalt zuordnen. § 609. [7]) §§ 605, 624 Abs. 1. Die Anfechtungsfrist wird durch Zustellung der Klageschrift gewahrt. [8]) § 607 Abs. 3. — [9]) Der Staatsanwalt bedarf der Anwaltsvertretung nicht. Vgl. Str. Anm. 2 z. § 607, Anm. 2 z. § 586.

Vgl. im Uebrigen Form. 1.

Bem. zu Form. 44. Vgl. die §§ 617—619, 625 und die Bemerkungen zum Form. 42.

Bem. zum Form. 45. Vgl. die §§ 620, 626 und die Bemerkungen zu Form. 43. — Der Schlußsatz im Form. 43 ist fortzulassen, wenn es sich um die Entmündigung eines Verschwenders handelt.

## Mahnverfahren.

# Formular 46.

## Gesuch um Erlassung eines Zahlungsbefehls.

| | |
|---|---|
| An Königliches Amtsgericht A. . . . | Königliches Amtsgericht bitte ich, der unterzeichnete Landwirth A. . zu B. . . . . um die Erlassung eines Zahlungsbefehls wider den Müller C. . . . zu D. . . . auf die Summe von . . . . für denselben käuflich gelieferten Roggen, nebst 5 Prozent Verzugszinsen von der Zustellung des Zahlungsbefehls an und den durch dies Gesuch zum Betrage von . . erwachsenen Kosten.<br>(Ort und Datum der Unterschrift.)<br>A. |

Bem. Vgl. die §§ 628—643. — Ich habe versucht, für den für das Mahngesuch vorgeschriebenen obligatorischen Inhalt (§ 630) eine möglichst kurze Form zu finden.

Ist der geltend gemachte Anspruch von einer Gegenleistung abhängig, so ist im Gesuch anzugeben, daß sie erfolgt sei. Ebenso wird behuf Begründung des Anspruchs auf Verzugszinsen der Verzug zu substantiiren sein.

Das Formular setzt voraus, daß der Wohnort D. des Schuldners im Bezirk des angegangenen Amtsgerichts liegt. Ist das nicht der Fall, so sind die die Kompetenz (§ 629) begründenden Behauptungen in das Gesuch aufzunehmen. Vgl. § 631 u. Str. Anm. 1 dazu.

Der das Gesuch stellende Bevollmächtigte braucht Vollmacht nicht zu überreichen. § 643.

Die Zustellung des Zahlungsbefehls an den Antragsteller erfolgt nach § 294 Abs. 3 von Amtswegen. Für die Zustellung an den Schuldner entscheiden die allgemeinen Bestimmungen der §§ 152 ff. Der Gerichtsschreiber hat den Gerichtsvollzieher mit der Zustellung zu beauftragen, wenn sich der Antragsteller das nicht verbeten hat. Vgl. § 154.

Das Mahngesuch kann auch mündlich bei dem Gerichtsschreiber angebracht werden. §§ 457, 642. Eine Protokollirung des Gesuchs ist nicht erforderlich. § 642.

Meyer a. a. O. S. 16 Not. 2 ist der Ansicht, daß in das Formular auch die Zeit der Entstehung des Anspruchs gehöre; ich bin nicht der Meinung. Der Grund des Anspruchs ist m. E. genügend bezeichnet. Vgl. übrigens Str. Not. 2. z. § 630.

## Formular 47.

### Widerspruchserklärung

An
Königliches Amtsgericht
A. . . .

Gegen den auf Gesuch des Landwirths A. . . zu D. . . wider mich erlassenen Zahlungsbefehl vom (Datum) erhebe ich Widerspruch.

(Ort und Datum der Unterschrift.)

C.

---

Bem. „Die Erhebung des Widerspruchs ist formlos". (Mot. z. § 587 d. E., § 634 d. C.P.O.) Der Widerspruch kann auch mündlich bei dem Gerichtsschreiber (ohne Protokollaufnahme) erklärt werden. §§ 642, 457. — Der Bevollmächtigte braucht Vollmacht nicht zu überreichen. § 643. — Von der Widerspruchserhebung wird der Gläubiger von Amtswegen in Kenntniß gesetzt. § 634 Abs. 2. — Wünscht der Schuldner die sofortige Erhebung der

Klage, so steht Nichts entgegen, das Gesuch um Ladung des Gegners zur mündlichen Verhandlung mit der Widerspruchserklärung zu verbinden (§ 636 Abs. 2), vorausgesetzt natürlich, daß die zu erhebende Klage vor die Amtsgerichte gehört. §§ 636, 637.

## Formular 48.

### Gesuch um Vollstreckbarkeitserklärung.

An
Königliches Amtsgericht
A....

Eine Anlage.

Den am (Datum) wider den Müller C... zu D.... erlassenen Zahlungsbefehl, dessen mit der Zustellungsurkunde versehene Ausfertigung ich überreiche, bitte ich für vorläufig vollstreckbar zu erklären und im Vollstreckungsbefehl die folgenden mir entstandenen Kosten zu berücksichtigen....

(Ort und Datum der Unterschrift.)
A.

---

Bem. Der Antrag, für den bestimmte Formen nicht vorgeschrieben sind, kann ebenfalls (ohne Protokollaufnahme) bei dem Gerichtsschreiber gestellt werden. (§§ 642, 457). Bevollmächtigte haben ihre Vollmacht zu überreichen. § 643. — Die Kosten werden in den Vollstreckungsbefehl aufgenommen. § 639. — Der Vollstreckungsbefehl bedarf zum Zweck der Vollstreckung der Vollstreckungsklausel nicht. §§ 663, 704. — Die Zustellung des Vollstreckungsbefehls an den Gläubiger erfolgt von Amtswegen (§ 294 Abs. 3), die Zustellung an den Schuldner, wie beim Zahlungsbefehl, auf Betreiben des Gläubigers oder Gerichtsschreibers. Vgl. Mot. z. § 592 d. E. (639 C.P.O.)

## Zwangsvollstreckung.

Aus dem Zwangsvollstreckungsverfahren (Buch VIII. der C.P.O.) sind nur die folgenden zwei Schriften entnommen, die erstere (Form. 49) — Auftrag an den Gerichtsvollzieher —, um zu zeigen, auf welche Weise die Zwangsvollstreckung einzuleiten ist; die zweite (Form. 50) — Antrag auf Leistung des Offenbarungseides —, weil dieser Antrag mündlich verhandelt wird. Alle übrigen im Buch VIII. vorkommenden Anträge sind einfache, formlose, einer mündlichen Verhandlung nicht bedürfende (vgl. §§ 646, 647, 662, 666, 668, 669, 681, 685, 688, 699, 700, 726, 729 ff., 755 ff., 758 ff.), oder solche, die im Wege der Klage gestellt werden (§§ 660, 686, 690, 704 Abs. 3, 710, 753.)

# Formular 49.

## Auftrag an den Gerichtsvollzieher.

An
den Herrn Gerichtsvollzieher G. . . .
zu
A.

In Sachen (kurze Angabe des rubrum) sende ich Ihnen hierneben eine vollstreckbare Ausfertigung des Urtheils vom (Datum) mit dem Auftrag, gegen den Beklagten unverzüglich die Zwangsvollstreckung vorzunehmen.

(Ort und Datum der Unterschrift.)
(Unterschrift.)

---

Bem. Vgl. §§ 674 ff. Der Auftrag kann auch mündlich ertheilt werden. — Der Prozeßbevollmächtigte ist auf Grund der generellen Prozeßvollmacht den Auftrag zur Zwangsvollstreckung zu ertheilen berechtigt. § 77. Soll der Gerichtsvollzieher dem Prozeßbevollmächtigten das durch die Zwangsvollstreckung Erlangte aushändigen, so ist ihm Spezialvollmacht vorzuzeigen. Nur wegen der Prozeßkosten bedarf es letzterer nicht. § 77. Vgl. Anm. 3 z. Form. 4.

# Formular 50.

## Offenbarungseid.

An
Königliches Amtsgericht A. . . .[1])

Antrag
auf
Abnahme des Offenbarungseides
in Sachen
(rubrum).

(Behauptung, daß die Pfändung[3]) zu einer vollständigen Befriedigung des Gläubigers nicht geführt habe,[2]) oder:

Glaubhaftmachung, daß der Gläubiger durch Pfändung[3]) seine Befriedigung nicht vollständig erlangen könne[2]).)

Den Beklagten lade ich[4]) zu dem von dem Herrn Amtsrichter zu bestimmenden Termin behuf mündlicher Verhandlung.[5])

Ich werde beantragen:

daß derselbe schuldig verurtheilt werde, den Offenbarungseid zu leisten.

Für die Zustellung dieses Antrags werde ich selbst Sorge tragen.[6])

(Ort und Datum der Unterschrift.)
(Unterschrift).

Bem. Das Formular betrifft den im § 711 vorgesehenen Fall. (Wegen des Verfahrens vgl. §§ 780 ff.) Außerdem wird des Offenbarungseides noch im § 769 gedacht (Herausgabe einer beweglichen Sache ꝛc.). Hier ist zu behaupten. daß die herauszugebende Sache nicht vorgefunden sei, und der Schuldner, wie im obigen Formular, zum Termin behuf Verhandlung des Antrages zu laden.

Vor der Leistuug des im § 711 normirten Offenbarungseides wird der Schuldner auf Antrag ein Vermögensverzeichniß vorzulegen und in Betreff seiner Forderungen den Grund und die Beweismittel zu bezeichnen haben. Es sind das Akte, die außergerichtlich, vor dem Gerichtsvollzieher oder dem Gläubiger selbst, vorgenommen werden können und mit dem nach § 780 einzuleitenden Verfahren wegen Leistung des Offenbarungseides Nichts zu schaffen haben. Vgl. Str. § 781 Anm. 2.

[1]) Wegen der Kompetenz vgl. § 780. [2]) § 711. [3]) „Pfändung", d. h. Zwangsvollstreckung in das bewegliche Vermögen. § 708. Str. § 711, Anm. 2. [4]) § 781. [5]) Ueber den Antrag wird mündlich verhandelt und durch Urtheil entschieden. Die Eidesleistung erfolgt erst nach Eintritt der Rechtskraft des Urtheils. § 781 Abs. 2. [6]) Wegen der Zustellung gelten die allgemeinen Regeln. Vgl. auch § 154.

---

# Formular 51.

## Arrestgesuch bei dem Amtsgericht.

An
Königliches Amtsgericht A. . . .[1])

Arrestgesuch [2])
in Sachen
des Landwirths A. . . zu B. . . .,
Klägers (oder: Arrestklägers),
wider
den Landwirth C. . . . zu D. . . .,
Beklagten (oder: Arrestbeklagten),
wegen Forderung.

. . . Anlagen.

(1. Bezeichnung des durch Arrest zu sichernden Anspruchs [3]) unter Angabe des Geldbetrags oder des Geldwerths [4]).

2. Bezeichnung des Arrestgrundes [5]).

3. Angabe der Mittel zur Glaubhaftmachung des Anspruchs und des Arrestgrundes [6]).)

Der Herr Amtsrichter wird gebeten:

gegen den Beklagten den dinglichen [7]) (persönlichen) Sicherheitsarrest anordnen zu wollen.

(Ort und Datum der Unterschrift.)

A.

Allgem. Bemerkung. Das Gesuch wird in simplo eingereicht, da eine mündliche Verhandlung nicht erforderlich ist. § 801.

Ein die vorgängige mündliche Verhandlung ex officio verfügender Gerichtsbeschluß wird den Parteien von Amtswegen zugestellt. § 294 Abs. 3. Nachdem dies geschehen ist, sind schriftliche, die mündliche Verhandlung vorbereitenden Anträge in Gemäßheit der allgemeinen Bestimmungen zu wechseln. Vgl. die hier zutreffende Bem. 1 zu Form. 10. Wenn der Arrest bei dem Landgericht oder Oberlandesgericht beantragt worden ist, so tritt, nach dem Beschluß der mündlichen Verhandlung, Anwaltszwang ein. — Die für den Hauptprozeß ausgestellte Prozeßvollmacht gilt auch für den Arrestprozeß. § 78.

Der das Arrestgesuch zurückweisende oder vorgängige Sicherheitsleistung fordernde Beschluß wird dem Gegner nicht mitgetheilt. § 802 Abs. 3. Der den Arrest anordnende Beschluß wird zugestellt, indessen nicht nach allgemeinen Grundsätzen (§ 294 Abs. 3) von Amtswegen, sondern wie ein Urtheil, durch die Partei. § 802 Abs. 2. Vgl. Str. § 802 Anm. 2.

Wegen der Vollziehung des Arrestes vgl. § 808.

1) Ueber die Kompetenz vgl. §§ 799, 821, 822. 2) Das Gesuch kann auch zu Protokoll des Gerichtsschreibers erklärt werden. § 800 Abs. 3. Es besteht also dafür kein Anwaltszwang. Vgl. § 74 Abs. 2. — Die eingeklammerten Worte im rubrum gelten für den Fall, daß die Hauptsache noch nicht anhängig ist. 3) § 800. Der Anspruch ist zu substantiiren. 4) § 800. Der Angabe des Geldbetrags oder Geldwerths bedarf es mit Rücksicht auf § 803. 5) § 800. Auch der Arrestgrund ist durch Behauptung bestimmter Thatsachen zu substantiiren (§ 797 oder 798). 6) § 800 Abs. 2, vgl. § 266. — Wegen der regelmäßigen Dringlichkeit von Arrestsachen ist es, um einen Vorbescheid zu vermeiden, zweckmäßig in dem Arrestgesuch zugleich die in dem § 801 Abs. 2 gedachte Sicherheit (§ 101) für den Fall zu leisten, daß das Gericht ohne solche auf das Gesuch nicht sollte eingehen können. 7) Der Gegenstand des dinglichen Arrestes braucht, abgesehen von dem Fall, daß der Arrest bei einem andern Gericht, als dem der Hauptsache, erwirkt werden soll (§ 799), nicht angegeben zu werden. Vgl. Mot. z. d. §§ 745, 746 d. E. (§§ 800, 801 C.P.O.)

Die Form eines bei einem andern Gericht, als dem Amtsgericht, anzubringenden Arrestgesuchs ergiebt sich einfach aus dem Formular.

# Formular 52.

## Widerspruch gegen den Arrestbefehl bei dem Amtsgericht.

An
Königliches Amtsgericht
A ...

Widerspruch
gegen
den Arrestbefehl
in Sachen
(rubrum).

Gegen den den dinglichen (persönlichen) Arrest anordnenden Beschluß des Königlichen Amtsgerichts vom (Datum) erhebe ich aus folgenden Gründen Widerspruch[1] ..

(Glaubhaftmachung der Gründe des Widerspruchs).[2]) Den Gegner lade[3]) ich zu dem von dem Herrn Amtsrichter zu bestimmenden Termin behuf mündlicher Verhandlung des Rechtsstreits.

Ich werde beantragen:

daß der Arrest aufgehoben werde.

(Ort und Datum der Unterschrift.)

C.

---

Allgem. Bemerkung. Das Gericht entscheidet über ein Arrestgesuch entweder durch Endurtheil (nach vorhergegangener mündlicher Verhandlung) oder durch Beschluß. § 802. Das Endurtheil unterliegt den gewöhnlichen Rechtsmitteln. Str. § 802 Anm. 1. Gegen den Beschluß findet Widerspruch bei dem Arrestgericht statt (§ 804), für den das obige Formular gilt.

1) § 804. 2) Die Gründe, welche die Aufhebung des Arrestes rechtfertigen, sind dazu bestimmt, die Gründe, die zum Arrestbefehl Veranlassung gegeben haben, zu entkräften. Sie müssen also, wie diese, glaubhaft gemacht werden. Vgl. Str. § 800 Anm. 4. 3) Mit der Ladung ist die Aufforderung zur Anwaltsbestellung zu verbinden, wenn der Arrestprozeß beim Landgericht oder Oberlandesgericht anhängig ist; im Uebrigen gilt das Form. auch für den Anwaltsprozeß.

# Formular 53.

## Aufhebung des Arrestes wegen veränderter Umstände ꝛc. bei dem Amtsgericht.

An
Königliches Landgericht
A. . . .

Antrag
auf
Aufhebung des Arrestes
in Sachen
(rubrum).

(Schilderung der veränderten Umstände und Glaubhaftmachung derselben.

oder:

Erbieten zur Sicherheitsleistung.)

Den Kläger lade ich zu dem von dem Herrn Amtsrichter zu bestimmenden Termin behuf mündlicher Verhandlung des Rechtsstreits.

Ich werde beantragen:

daß der Arrest aufgehoben werde.

(Ort und Datum der Unterschrift.)

C.

---

Bem. Vgl. § 807 und die Bem. 2 und 3 zu Form. 52.

Bem. zu den Form. 51, 52, 53. Die Aufhebung des Arrestes gegen Erlegung des im Arrestbefehl festgestellten Geldbetrags oder wegen besonderer Aufwendungen (§ 813, vgl. § 803) erfolgt nach formlosem, schriftlichem oder mündlichem Antrag. Ebenso ist der nach § 806 Abs. 1 zulässige Antrag an eine bestimmte Form nicht gebunden und kann schriftlich oder mündlich gestellt werden. Mit dem im § 806 Abs. 2 gedachten Antrag ist eine Ladung zu verbinden, da über ihn durch Endurtheil entschieden wird, mithin nach vorgängiger mündlicher Verhandlung.

Anträge auf Erlassung einstweiliger Verfügungen (§ 814 ff.) sind wie Arrestanträge zu formuliren.

## Aufgebotsverfahren.

# Formular 54.

An
Königliches Amtsgericht
A. . .

Antrag
des Kaufmanns A. . . zu B. . . .,
betreffend
die Erlassung eines Aufgebots wegen eines abhanden gekommenen . .

. . . Anlagen.

. . . . . . . . . . . . . . .

(1. Angabe der zur Begründung des Antrags dienenden thatsächlichen Verhältnisse.

2. Vorlegung einer Abschrift der Urkunde, oder:

Bezeichnung des wesentlichen Inhalts derselben.

3. Bezeichnung bezw. Produktion derjenigen Mittel, durch welche der Verlust der Urkunde, sowie diejenigen Thatsachen glaubhaft gemacht werden, von denen die Berechtigung des Antragstellers zur Beantragung des Aufgebots abhängt.

4. Erbieten zur eidlichen Versicherung der Wahrheit der sämmtlichen Angaben.

5. Soweit nöthig, Angabe derjenigen Thatsachen, aus denen die Zuständigkeit des Gerichts hervorgeht). . . . . . . . . . . .

Ich beantrage:
die Erlassung eines Aufgebots und die Kraftloserklärung der . . (Urkunde).

(Ort und Datum der Unterschrift.)
A.

---

Bem. Besondere Formvorschriften für die Schriftsätze im Aufgebotsverfahren sind in der C.P.O. nicht gegeben, es genügt der formlose, schriftliche oder mündliche Antrag. § 824. — Der Inhalt der Schriftsätze bestimmt sich nach dem materiellen Recht. Vgl. Mot. z. §§ 768—791 d. E. (§§ 823 bis 850 C.P.O.)

Für die Amortisation von Wechseln und den in den Art. 301 u. 302 des Handelsgesetzbuchs bezeichneten Urkunden hat dagegen die C.P.O. die in den

§§ 837 ff. sich findenden Spezialvorschriften gegeben. Auf sie bezieht sich das Formular, das hier lediglich der Vollständigkeit wegen aufgenommen worden ist. Entscheidend für den Inhalt desselben sind die §§ 840 und 121. Der Antrag wird, wie jeder Aufgebotsantrag, schriftlich oder mündlich (§ 824) beim Amtsgericht (§ 23 i. f. G.V.G. § 839 C.P.O.) gestellt.

Eines Formulars für die nach § 834 gestattete Anfechtungsklage bedurfte es nicht. Die Bestimmungen im Abs. 2 dieses Paragraphen enthalten keine Vorschriften über den Inhalt der Prozeßschrift, sondern die materiellen Voraussetzungen für die Zulässigkeit der Klage.

## Schiedsrichterliches Verfahren.

Für die im schiedsrichterlichen Verfahren vorkommenden Anträge (Klagen) vgl. §§ 870 ff. sind besondere Formvorschriften nicht gegeben.

# Anhang.

## Die Thätigkeit des Gerichtsschreibers nach der Civilprozeßordnung für das Deutsche Reich.

Nach § 154 des Gerichtsverfassungsgesetzes wird bei jedem Gerichte eine Gerichtsschreiberei eingerichtet werden. Den Geschäftskreis des Gerichtsschreibers bestimmen die betreffenden Gesetze (Civilprozeßordnung, Strafprozeßordnung, Konkursordnung nebst den Ausführungsgesetzen).

Das wichtigste officium des Gerichtsschreibers in bürgerlichen Rechtsstreitigkeiten ist [1]) die Protokollführung (§§ 145, 149, 151) und daneben, im Amtsgerichtsprozeß, die protokollarische Aufnahme der Klagen (§ 457) und anderer Parteierkärungen (§ 463), sowie der im § 462 gedachten, mit einer Ladung verbundenen, Anträge.

Der Gerichtsschreiber hat ferner das Gesuch um Beweisaufnahme zum ewigen Gedächtniß (§ 448), die Beschwerdeeinlegung (§ 532), das Arrestgesuch (§ 800) und den Aufgebotsantrag (§ 824), sowie Gesuche und Anträge von geringerer Wichtigkeit entgegenzunehmen. Zu letztern gehören: das Ablehnungsgesuch (§ 44), das Kostenfestsetzungsgesuch (§ 98), das Gesuch um Bewilligung des Armenrechts (§ 109), Anzeigen und Gesuch der Zeugen und Sachverständigen (§ 346 Abs. 2, § 367), die Zeugnißweigerung (§ 351), das Ablehnungsgesuch gegen Sachverständige (§ 371 Abs. 2). — Alle diese Gesuche und Anträge müssen zu Protokoll genommen werden. Anwaltszwang vor dem Gerichtsschreiber besteht nicht (§ 74). Charakteristisch für

---

[1]) Inwieweit dem Gerichtsschreiber eine Mitwirkung bei der Ansetzung und Einziehung der Gerichtskosten zufallen wird, wird sich aus der demnächst zu erlassenden Gebührenordnung ergeben.

jene Gesuche und Anträge ist, daß für sie auch dann, wenn sie, statt bei dem Gerichtsschreiber erklärt, durch Schriftsätze bei dem Gericht gestellt werden, der Anwaltszwang cessirt (§ 74 Abs. 2). Ein Arrestgesuch, ein Kostenfestsetzungsgesuch rc. kann also auch im Anwaltsprozeß von der Partei selbst, ohne Anwaltsvertretung, dem Gericht eingereicht werden. Eine Ausnahme machen die Motive lediglich bezüglich der Einlegung der Beschwerde, weil die Beschwerdeschrift „für das Beschwerdegericht, also ein Gericht höherer Ordnung", bestimmt ist. Vgl. Mot. z. §§ 508—510 d. E. (§§ 532—534 der C.P.O.)

Im Uebrigen beschränkt sich die Thätigkeit des Gerichtsschreibers, abgesehen etwa von der Ertheilung der Vollstreckungsklausel (§ 663) und der sonstigen Zeugnisse über die Rechtskraft eines Urtheils (§ 646), auf Handlungen, welche den äußeren Prozeßbetrieb betreffen.

Es soll in Folgendem die Thätigkeit des Gerichtsschreibers von Anfang bis zu Ende eines Prozesses (einschließlich der Zwangsvollstreckung) beschrieben werden, weil dadurch die Verständlichkeit der Formulare erleichtert wird.

---

Im amtsgerichtlichen Verfahren beginnt das officium des Gerichtsschreibers (falls die Partei diesen Weg und nicht den der schriftlichen Klage wählen sollte) mit der protokollarischen Aufnahme der Klage (§ 457). Der Kläger hat sich zu diesem Zweck während der Geschäftsstunden auf die Gerichtsschreiberei zu begeben und den Gerichtsschreiber um Aufnahme der Klage zu ersuchen. Der Amtsrichter bestimmt auf dem, ihm vom Gerichtsschreiber sofort vorzulegenden Protokoll den Verhandlungstermin, und zwar innerhalb 24 Stunden, von der Protokollirung der Klage an gerechnet (vgl. §§ 456, 193).

Im Anwaltsprozeß ist die Anbringung der Klage zu Protokoll des Gerichtsschreibers nicht gestattet. Der Anwalt hat die Urschrift der Klageschrift und eine für's Gericht bestimmte Abschrift derselben bei dem Gerichtsschreiber einzureichen (§§ 233, 193, 124). Letzterer hat die Urschrift sofort dem Gerichtsvorsitzenden zuzusenden, damit binnen 24 Stunden, von der Einreichung der Klageschrift an gerechnet, die Ansetzung des Termins erfolge (§ 193 Abs. 2). Die Terminsnote wird von dem Gerichtsschreiber auf die Abschrift der Klageschrift übertragen oder im Terminkalender angemerkt werden müssen, damit das Gericht von dem Datum des angesetzten Termins Kenntniß behalte. — Bis hierher gilt diese für den Anwaltsprozeß geschilderte Prozedur auch für den Amtsgerichtsprozeß (falls nämlich die Klage schriftlich eingereicht wird). Das folgende Verfahren ist verschieden.

Während im Anwaltsprozeß der Gerichtsschreiber mit der Zustellung der Klage — abgesehen von einer Ausnahme, der öffentlichen Zustellung (§ 187) (siehe S. 58) — Nichts zu schaffen hat, sondern die Zustellung auf Veranlassung des Anwalts erfolgt (§ 152), hat im Amtsgerichtsprozeß der Gerichtsschreiber die Zustellung der Klage stets dann zu vermitteln, wenn sich die Partei solches nicht verbeten hat (§ 154).

Im Anwaltsprozeß geht die mit der Terminsnote versehene Urschrift der Klageschrift an den Anwalt zurück, damit dieser die Zustellung veranlasse.

Zum Zweck der Zustellung der Klageschrift im Amtsgerichtsprozeß hat der Kläger dem Gerichtsschreiber die für die Zustellung erforderliche Abschrift der Klageschrift mit einzusenden. Diese Abschrift muß eine beglaubigte sein, wenn ein Anwalt die Klageschrift einreicht; andernfalls genügt eine einfache Abschrift, deren Beglaubigung vor der Zustellung durch den Gerichtsvollzieher vorzunehmen sein wird (§ 156). Nach geschehener Zustellung hat der Gerichtsvollzieher die mit der Zustellungsurkunde versehene Urschrift dem Kläger bezw. dessen Vertreter direkt zurückzugeben. [Anders, wenn es sich um eine Zustellung von Amtswegen handelt; vgl. z. B. § 187, § 294 Abs. 3. Hier hat der Gerichtsvollzieher das mit der Zustellungsurkunde versehene Schriftstück dem Gerichtsschreiber zurückzureichen, vgl. § 173 Abs. 4.] — Soll durch die Post zugestellt werden (§ 176), so kann der Gerichtsschreiber, unter Umgehung des Gerichtsvollziehers, zustellen lassen (§ 179). Das sehr einfache Verfahren ergiebt sich aus den §§ 177, 178. (Vgl. auch § 730 Abs. 2 § 736 Abs. 3.) Dem Anwalt im Anwaltsprozeß steht diese Befugniß nicht zu.

Neben der Behändigung durch die Post sind dem Gerichtsschreiber im Behändigungsverfahren noch zwei officia zugewiesen, diese aber obligatorisch. Erstens hat der Gerichtsschreiber desjenigen Amtsgerichts, in dessen Bezirk der Ort der Zustellung gelegen ist, die zuzustellenden Schriftstücke vom Gerichtsvollzieher dann in Empfang zu nehmen, wenn die Person, an die zuzustellen ist, nicht angetroffen werden kann.

§ 167. [1]) Zweitens erfolgt die öffentliche Zustellung stets von Amtswegen durch den Gerichtsschreiber, also auch im Anwaltsprozeß (§ 187), und zwar in der im § 187, Abs. 2 beschriebenen Art und Weise.

Die Thätigkeit des Gerichtsschreibers, nach Einleitung des Prozesses, besteht in der Empfangnahme der für's Gericht bestimmten ferneren Prozeßschriften (Klagebeantwortung, Erklärungen 2c.) — §§ 124, 245 — und etwaiger anderweitiger Schriftstücke — vgl. z. B. §§ 125, 408 —, sowie in der Ertheilung von Abschriften, Auszügen, Ausfertigungen (§ 271), welche die Betheiligten wünschen sollten. Wegen derjenigen Prozeßschriften, die dem Gegner zuzustellen sind, gilt das oben (Seite 57) Bemerkte, daß die Zustellung im Anwaltsprozeß auf Veranlassung des Anwalts, im Amtsgerichtsprozeß, nach der Wahl der Partei, entweder unter Vermittelung des Gerichtsschreibers oder in Folge direkten Auftrags der Partei selbst erfolgt. (§§ 152, 154). — Da der Wechsel vorbereitender Schriftsätze im Amtsgerichtsprozeß nicht obligatorisch ist (§ 120), so kommt auch auf die Innehaltung der für die Einreichung der Schriftsätze bestimmten Fristen (§ 123) Nichts an. — Die Partei hat im amtsgerichtlichen Verfahren das Recht, neben der Klage auch die sonst vorkommenden Anträge und Erklärungen (Klagebeantwortung 2c.) zu Protokoll des Gerichtsschreibers zu geben. Das Protokoll braucht dem Gegner nicht zugestellt zu werden; eine einfache Mittheilung genügt (§ 463).

Es sei hier noch erwähnt, daß alle diejenigen Parteianträge, über die ohne vorhergehende mündliche Verhandlung entschieden werden kann, z. B. das Kostenfestsetzungsgesuch (§ 98), die Beschwerde (§ 532), das Arrestgesuch (§ 800), nur in simplo, nämlich in einer für's Gericht bestimmten Urschrift, eingereicht zu werden brauchen. Denn der § 124 bezieht sich nur auf diejenigen Schriftsätze, welche die mündliche Verhandlung vorzubereiten bestimmt sind. Sollte vom Gericht, was ex officio geschehen kann, die mündliche Verhandlung jener Anträge beschlossen werden, so ist der Gerichtsbeschluß dem Antragsteller von Amtswegen zuzustellen. (§ 294, Abs. 3.) Der Antragsteller hat nach den allgemeinen Grundsätzen die Bestimmung des Verhandlungstermins zu erwirken und den Gegner laden zu lassen

---

[1]) Der Gerichtsvollzieher kann das zuzustellende Schriftstück, statt bei dem Gerichtsschreiber, auch bei der betreffenden Postanstalt oder dem Gemeindevorsteher oder dem Polizeivorsteher niederlegen (§ 167).

(§ 191). Die mündliche Verhandlung ist durch Zustellung eines Schriftsatzes an den Gegner, sowie durch Niederlegung einer Abschrift desselben auf der Gerichtsschreiberei nach erfolgter Zustellung jenes vorzubereiten. (§§ 123, 124.)

Die während der Beweisaufnahme erforderlichen, den Prozeßbetrieb betreffenden Prozeßhandlungen — Requisitionen, Terminsbestimmungen u. dgl. [1]) — gehen fast sämmtlich vom Gericht oder vom Gerichtsvorsitzenden aus. Vgl. §§ 327, 328, 329, 331, 333. Die Rücksendung der Prozeßverhandlungen Seitens des ersuchten Richters erfolgt an den Gerichtsschreiber des Prozeßgerichts (§ 327 Abs. 2). Auch ist die Ladung der Zeugen und Sachverständigen ganz allgemein (auch im Anwaltsprozeß) dem Gerichtsschreiber überwiesen (§§ 342, 367).

Auf den Urtheilen hat der Gerichtsschreiber den Tag der Verkündigung zu bemerken und diese Bemerkung zu unterschreiben (§ 286 Abs. 3). — Ueber sämmtliche verkündete und unterschriebene Urtheile, hat er ein Verzeichniß aufzustellen und solches an bestimmten, von dem Gerichtsvorsitzenden (Amtsrichter) im Voraus festzusetzenden, Wochentagen mindestens auf die Dauer einer Woche in der Gerichtsschreiberei auszuhängen (§ 287). Der Tag des Aushangs ist für die behuf Berichtigung des Thatbestandes inne zu haltende Frist entscheidend (§ 291 Abs. 2). — Die vom Gerichtsschreiber zu ertheilenden (§ 271) Ausfertigungen und Auszüge der Urtheile müssen von ihm unterschrieben und mit dem Gerichtssiegel versehen werden (§ 288 Abs. 3). . . . . . . . . . . . . . . . . . . . . . . .

Neben der Verkündung der Urtheile, Beschlüsse und prozeßleitenden Verfügungen — welche, wenn eine mündliche Verhandlung vorhergegangen ist, auch dann erfolgt, wenn die Parteien nicht gegenwärtig sind (283) —, bedarf es in der Regel einer Zustellung des verkündeten Urtheils, Beschlusses oder Verfügung nicht Eine Zustellung neben der Verkündung ist ausnahmsweise für Endurtheile (auch Theilurtheile) — §§ 272, 273 — zum Zweck des Laufs der Nothfristen (§§ 304, 477, 514, 540), sowie zum Zweck der Vornahme der Zwangsvollstreckung (§ 671 Abs. 1) vorgeschrieben. Vgl. Str. Anm. 2 zum § 283. Die Zustellung geschieht, mit einer Ausnahme (§ 582) — siehe Seite 60 — auf Betreiben der Parteien (§ 288)

---

[1]) Für sie gilt das Offizialprinzip; vgl. Str. Anm. zu den §§ 326 — 335.

im Anwaltsprozeß auf Veranlassung des Anwalts, im Amtsgerichtsprozeß unter Vermittelung des Gerichtsschreibers oder in Folge direkten Auftrags der Partei an den Gerichtsvollzieher (§§ 152, 154).

Die Nichtverkündung eines Urtheils ist, abgesehen etwa von dem Fall, daß die Parteien nach der mündlichen Verhandlung und vor der Verkündung des Urtheils erklärt haben sollten, daß das Verfahren ruhen solle (§ 228), undenkbar, weil auch in Abwesenheit der Parteien verkündet wird. Das Nämliche gilt von Beschlüssen und prozeßleitenden Verfügungen, die nach voraufgegangener mündlicher Verhandlung ergehen sollen. Insofern letztere dagegen ohne mündliche Verhandlung erlassen werden (§§ 283, 294), bedürfen sie, um nach außen hin zur Existenz zu gelangen, einer Veröffentlichung auf anderem Wege, als dem der Verkündung. Für sie ist daher im § 294 Abs. 3 die Zustellung von Amtswegen, d. h. auf Veranlassung des Gerichts, vorgeschrieben. Beispiele: Der Beschluß über das Kostenfestsetzungsgesuch (§ 99), die Beschwerde (§ 536), das Arrestgesuch (§ 801) ꝛc. Dem Gerichtsschreiber liegt die Beglaubigung des zuzustellenden Schriftstücks ob.

Ausnahmsweise erfolgt die Zustellung eines Urtheils, nämlich das auf Trennung, Ungiltigkeit oder Nichtigkeit einer Ehe erkennenden, nicht auf Betreiben der Parteien (§ 288), sondern ebenfalls von Amtswegen (§ 582). Auch hier also hat der Gerichtsschreiber die Beglaubigung des zuzustellenden Exemplars vorzunehmen.

Die Rechtskraft eines rechtskräftig gewordenen Urtheils hat der Gerichtsschreiber, nicht das Gericht, festzustellen; er hat sie auf Wunsch der Partei urkundlich zu bezeugen (§ 646). Eine besondere Form dieses Zeugnisses ist für diejenigen Urtheile bestimmt, auf Grund deren die Zwangsvollstreckung vorgenommen werden soll. Der Ausfertigung dieser Urtheile ist am Schluß die im § 663 wörtlich vorgeschriebene Vollstreckungsklausel beizufügen. Dadurch wird die Ausfertigung eine „vollstreckbare" (§ 662 Abs. 1). Ohne sie ist die Zwangsvollstreckung nicht möglich. — Der Vollstreckungsklausel bedürfen nicht blos die Urtheile, sondern alle zur Zwangsvollstreckung sich eignenden Urkunden (§ 702), der im Mahnverfahren ergehende Vollstreckungsbefehl und der Arrestbefehl indessen nur dann, wenn nach Erlassung dieser Befehle ein Rechtsnachfolger auf Seiten des Gläubigers oder des Schuldners eingetreten ist (§§ 639, 704, 809, Abs. 1). — Die Form der Vollstreckungsklausel ist, wie die Motive bemerken, „nur in ihren wesentlichen Theilen durch den § 663 vorgeschrieben". Der Gerichtsschreiber wird in jedem einzelnen Fall zu prüfen haben, was daneben hinein gehört, z. B. die Beschränkung der Klausel auf einen Theil des Streitgegenstandes, die Bezeichnung des Rechtsnachfolgers der einen oder andern Partei, die Constatirung der Notorietät ꝛc. Vgl. Mot. zu §§ 612, 613 d. E. (§§ 662, 663 der P.O.) und §§ 273, 665. — Kompetent für die Ertheilung der Vollstreckungsklausel ist der Gerichtsschreiber des Gerichts erster Instanz, oder, wenn der Rechtsstreit bei einem höheren Gerichte anhängig ist, der Gerichtsschreiber dieses Gerichts (§ 662 Abs. 2). — Eine zweite (dritte ꝛc.), mit der Vollstreckungsklausel versehene, Ausfertigung darf der Gerichtsschreiber der nämlichen Partei nur auf Anordnung des Gerichtsvorsitzenden ertheilen. Von der Ertheilung hat er den Gegner der Partei in Kenntniß zu setzen, wenn die Entscheidung, durch welche sie angeordnet worden ist, nicht verkündet wurde. Die zweite (dritte ꝛc.) Ausfertigung ist ausdrücklich als solche („zweite", „dritte" ꝛc.), unter Erwähnung der Entscheidung, zu bezeichnen (§ 669).

Vor der Einleitung der Zwangsvollstreckung oder gleichzeitig mit derselben ist dem Schuldner das, mit der Vollstreckungsklausel versehene Urtheil zuzustellen. Die Zustellung erfolgt nach den allgemeinen Grundsätzen, im Anwaltsprozeß auf Veranlassung des Anwalts, im Amtsgerichtsprozeß, nach Wahl der Partei, entweder durch Vermittelung des Gerichtsschreibers oder in Folge direkten Auftrags der Partei an den Gerichtsvollzieher (§§ 152, 154).

Die Zwangsvollstreckung selbst nimmt der Gerichtsvollzieher vor, der von dem Gläubiger zu beauftragen ist. Es kann indessen der Gläubiger die Mitwirkung des Gerichtsschreibers in Anspruch nehmen, auch im Anwaltsprozeß (§ 674). — Im Uebrigen sind Bestimmungen über die Thätigkeit des Gerichtsschreibers während des Zwangsvollstreckungsverfahrens nicht getroffen; vgl. etwa noch § 730 Abs. 2, § 736 Abs. 3, § 761.

---

Auf die Thätigkeit des Gerichtsschreibers im Berufungs- und Revisions-Verfahren findet die vorstehende Schilderung gleichfalls Anwendung. Eine für dieses Verfahren geltende, besondere Vorschrift ist die, daß der Gerichtsschreiber des Berufungs- bezw. Revisions-Gerichts, innerhalb 24 Stunden nach Einreichung der Berufungs-

bezw. Revisions-Schrift zum Zweck der Terminsbestimmung, von dem Gerichtsschreiber der früheren Instanzen die Prozeßakten einzufordern und solche, nach Erledigung der Berufung bezw. der Revision dem Gerichtsschreiber der betreffenden Instanzen nebst einer beglaubigten Abschrift des Berufungs- bezw. Revisions-Urtheils zurückzusenden hat. (§§ 506, 529.)

Aus dem Mahnverfahren (§§ 628 ff.) interessirt noch, daß die Gesuche um Erlassung eines Zahlungsbefehls oder eines Vollstreckungsbefehls, sowie die Widerspruchserklärung nicht protokollirt zu werden brauchen (§ 642).

Aus dem Gerichtsverfassungsgesetze schließlich werden noch die folgenden zwei Bestimmungen, die sich auf die Thätigkeit des Gerichtsschreibers beziehen, hervorgehoben:

1) Gerichte, Staatsanwaltschaften und Gerichtsschreiber (nicht auch Anwälte) können wegen Ertheilung eines Auftrags an einen Gerichtsvollzieher die Mitwirkung des Gerichtsschreibers desjenigen Amtsgerichts in Anspruch nehmen, in dessen Bezirk der Auftrag ausgeführt werden soll (§ 162 G.V.G.).

2) Der Dienst eines Dolmetschers kann vom Gerichtsschreiber wahrgenommen werden, ohne daß es dessen Beeidigung bedarf (§ 192 G.V.G.)

Buchdruckerei der Berliner Bürger-Zeitung (W. & S. Loewenthal),
Berlin SW., Schützenstr. 68.

FSC
www.fsc.org
MIX
Papier | Fördert gute Waldnutzung
FSC® C083411

Kolibri 360 GmbH
Ferdinand-Jühlke-Straße 7
99095 Erfurt, Deutschland
produktsicherheit@kolibri360.de